マンダラを生きる

正木 晃

角川文庫
22684

マンダラを生きる　目次

2章 密教の歴史――マンダラが生み出された背景……49

3章 自然との一体化――胎蔵マンダラの世界……85

6章 わたしたちはどう生きるべきか……187

文庫版　はしがき

本書は、NHKのEテレ「こころの時代（宗教・人生）」『マンダラと生きる』（二〇一八年四月～九月放送／二〇一九年一〇月～三月アンコール放送）のテキストとして出版された書籍の文庫版です。

文庫版を出版するにあたっては、かなり大幅に加筆しています。加筆した理由は、以下の二つあります。

一つは、テキスト版では、掲載できなかった事柄が少なからずあったからです。「こころの時代」は、一回が六〇分間で、六回シリーズです。総計すると、三六〇分間になりますから、情報量としては半端ではありません。しかし、これだけの時間をかけても、お伝えできる内容には限りがあります。したがって、絶対にお伝えしたい事柄と、可能であればお伝えしたい事柄を、しっかり分ける必要に迫られます。

番組制作の順序からすると、最初に全体の構想を企画し、一回ごとのテーマを決めます。次に、テキストを執筆します。さらに、テキストを基本に、担当ディレクターが各回の台本を書きあげます。この間、担当ディレクターとわたしは何回も連絡をとりあい、できるかぎり良い番組になるよう、努力します。毎回、この繰り返しです。

ちなみに、一回の放送に使う台本は、Ａ４判で二〇頁以上になります。

そして、『マンダラと生きる』には、特別な事情がありました。それは、マンダラという媒体のもつ特性です。マンダラは、言葉では伝えられない真理を、ヴィジュアルで伝えるために開発されました。ですから、通常の「こころの時代」のように、講師がずっと話し続けるというわけにはいきません。視聴者に、マンダラを見ていただくことが不可欠なのです。

もちろん、テキストも、文字だけで済ませるわけにはいきません。画像を掲載しなければなりません。ところが、画像はスペースをとります。その結果、文字数は減らさなければなりません。もう少し詳しく説明したいと思っても、断念しなければならない場合が出てきてしまうのです。

もう一つの理由は、番組を企画し実現していくなかで、新たな知見が得られたからです。

さきほども述べたとおり、番組の構成はわたしが執筆したテキストが基本になります。しかし、テキストに忠実なばかりでは、番組として精彩を欠く可能性があります。

そこで、有能なディレクターは、関連する領域から、使えそうな素材を見つけ出してきて、提案してくれます。わたしも賛同すれば、番組に取り入れます。番組をより充実させるうえで、これは重要な要素です。

この点、ディレクターの藤井栄里子さんはすこぶる優秀な方でしたので、彼女の提案をずいぶん利用させていただきました。おかげで、マンダラについて、とりわけ現代社会におけるマンダラの可能性について、テキストを超える知見が得られました。

典型例が、第六回の放送でご紹介した「生命誌マンダラ」です。これは、生命誌研究者の中村桂子氏が、ゲノム（生殖細胞に含まれる全染色体、もしくはその遺伝情報）がもつ階層性や自己創出性を、マンダラとして表現した画像です。このマンダラは、個体という全体をつくる能力を秘めた細胞である受精卵が大日如来《だいにちにょらい》であり、それがさまざまな姿で出現し、生きものの宇宙をつくっていくことを、とても巧みにあらわしています。

これほどまでにマンダラの思想と表現スタイルを深く理解し、現代社会が求めている真理を、誰の眼にもわかりやすく提示できた実例は、きわめて稀《まれ》です。こんな素晴らしいマンダラを番組でご紹介したのですから、文庫版でとりあげないわけにはいきません。

以上のように、文庫版は、テキストよりも、説明が詳しくなり、範囲もひろがっています。もともと、『マンダラと生きる』という番組は、難解の極みといわれがちなマンダラを、いかにわかりやすく語るか、が大きな課題でした。幸い、視聴者からの反応はひじょうに良かったので、それを文庫版で台無しにするわけにはいきません。加筆するにあたっても、できるかぎり丁寧に、わかりやすく書いたつもりです。

これでは物足りない、もっと専門的な知識が得たいという方は、巻末の参考文献リストに、現時点におけるマンダラ研究の書籍をほぼ網羅していますので、ご参照ください。

テキストの編集では、NHK出版の白川貴浩さんに、たいへんお世話になりました。文庫版の編集では、KADOKAWAの竹内祐子さんに、いろいろご苦労をかけました。紙上をお借りして、あつく御礼申し上げます。

令和三年四月二日

正木　晃

1章　なぜマンダラか

マンダラとは何か

仏教が昔から使ってきた用語のなかには、ちょっと目にしただけでは意味がわからないものがたくさんあります。それでも原典のパーリ語やサンスクリット（梵語《ぼんご》）から、意訳されて漢字になっている場合はなんとか類推できます。

しかし、発音を漢字で写しとった場合、つまり音訳された場合は、そうはいきません。もともと意訳ではなく、音訳された背景には、東アジアの漢字文化圏には、うまく合う考え方や概念がなかったせいなのですから、わからないのも仕方ありません。

そもそも仏教という言葉が難解です。仏教は仏と教に分解できます。このうち、教は考えるまでもありません。しかし、仏の意味は？　と訊《き》かれて、答えられる人は稀《まれ》でしょう。正解は、仏陀《ぶつだ》の省略形です。

では、仏陀とは何か。いうまでもなく、仏教の開祖であるゴータマ・ブッダに由来します。ゴータマは姓もしくは家名です。ちなみに、ゴータマはパーリ語の表記で、サンスクリットではガウタマになります。

問題はブッダです。原語のブッダは、仏教が誕生するずっと前から、使われてきました。具体的にいうと、『ウパニシャッド』に登場する偉大な「哲人」が、ブッダと呼ばれていました。紀元前八世紀のことです。この場合、ブッダと呼ばれる条件は、すぐれた境地に到達した人、修行を完成した人だったようです。仏教の開祖となったゴータマ・ブッダも、この意味でブッダと呼ばれていました。

そのほかにも、菩薩《ぼさつ》（菩提薩埵《ぼだいさつた》＝ボーディサットヴァの省略形：ボーディ＝悟りを求める＋サットヴァ＝人）とか阿弥陀《あみだ》（アミターバ＝無量の光の省略形／アミターユス＝無量の寿命の省略形）など、よく使われているわりには由来や意味が正しく理解されていない用語が、仏教にはいくつもあります。

マンダラもその一例です。伝統的に漢字で表記すると、曼荼羅・曼陀羅・漫拏羅などになります。これらの漢字表記から意味を理解しろ、といわれても無理に決まっています。一方、意訳には「輪円具足《りんねんぐそく》」があります。この訳はマンダラの特徴をよくとらえているのですが、どういうわけか、ひろがりませんでした。

日本の密教界では、かなり昔から、マンダラについて、こう説明されてきました。マンダラを、マンダとラに分解し、マンダを本質、ラを表現するものと解釈して、全体では「本質を表現するもの」とみなすのです。しかし、この説は、いわゆる後知恵のたぐいであって、正しいとはいえません。

マンダラという言葉が最初にあらわれた時期はひじょうに古く、インド最古の聖典として知られる『リグ・ヴェーダ』でした。その成立は、最古の層は紀元前一五〇〇年ころにさかのぼり、最新の層でも紀元前一〇〇〇年ころと推測されています。『リグ・ヴェーダ』は全部で一〇巻あり、各巻がマンダラと呼ばれてきたのです。つまり、マンダラという言葉は「巻」あるいは「本」というほどの意味で使われています。マンダラが「聚集《じゅじゅ》」、すなわち「(真理を)一つに集めたもの」と意訳されることもある理由は、このあたりに求められるかもしれません。

しかし、「巻」「本」「聚集」が「輪円具足」に発展したいきさつは、残念ながら、わかっていません。もし、多少なりとも手掛かりがあるとすれば、いま私たちが目にするマンダラの生みの親となった密教経典に、三世紀くらい先行して成立した大乗仏《だいじょう》典の『華厳経《けごんきょう》』に、「法界《ほっかい》(真理の領域)」がマンダラと表現されている事実くらいです。

このように、マンダラを正しく理解することは、とても難しいのです。

美術作品ではない

それでも近年は、空海《くうかい》がひろめた密教と呼ばれるタイプの仏教にまつわる美術展では、必ずといっていいほど展示されるので、というより展示の目玉なので、マンダラも多くの人々の目にふれる機会が増えてきています。ちなみに、密教についてはのちほど詳しく説明しますが、とりあえずインド仏教の最終ランナーで、インドで生まれた仏教の究極のかたち、くらいに考えていただければ、けっこうです。

このように、まず美術からマンダラに接するというのが、よくあるパターンです。たしかに、マンダラは視覚芸術としても、他には求めがたい魅力を秘めています。

マンダラのなかでいちばん多いのは、全体がいくつもの区画からできていて、そのなかに、仏菩薩や神々のすがたが、一定の秩序にしたがって、描かれているタイプです。具体的なすがたの代わりに、仏菩薩や神々が、シンボルや文字で表現されているタイプもあります。

どちらにしても、こんなに複雑で多様な形態と色彩が見られる事例は、過去から現在にいたるまで、すべての時代を通じて、かつ洋の東西を問わず、皆無に近いとおもいます。ですから、人気を博するのは当然かもしれません。

ただし、気をつけておかなければならないことがあります。マンダラは美術作品ではないという点です。あくまで修行のために欠かせない装置もしくは道具、今流の言葉なら、アイテムなのです。

この点は、仏像が、美術鑑賞の対象ではなく、崇拝の対象にほかならないという原則よりも、さらに強く指摘しておく必要があります。なぜなら、マンダラは、崇拝という行為よりも、はるかに宗教的な強度が高い修行と深くかかわっているからです。そして、この修行と深くかかわっていることこそ、マンダラが二一世紀に生きるわたしたちに、大きな恩恵をあたえてくれる源泉でもあるのです。

マンダラは美術作品ではないという点に関係して、こんな体験をしました。ある日本絵画史の大家から、「マンダラはどうもよくわかりません」と言われたのです。その原因は、マンダラが視覚に訴える造形作品として、きわめて特殊なことに求められそうです。

つまり、伝統的な絵画の場合、様式や形式には制約がつきまといますが、それでもなお、そこに制作者の個性がいやおうなく表現されていて、上手《うま》いとか下手とか、斬《ざん》新《しん》とか陳腐とか、評価の対象になります。同じ仏教絵画の領域でも、通常の仏菩薩像には、制作者の個性があらわれてきますから、評価は可能です。ところが、マンダラに限っては、すべてがすこぶる厳格に規定されていて、そこから逸脱することは許されません。結果的に、制作者の個性があらわれる可能性はまずありません。したがって、困ったことに、評価のしようがない、ということのようです。

空海のマンダラ論

マンダラの意味や目的については、空海の言葉がもっとも端的に語っていますので、ご紹介します。

密蔵《みつぞう》は深玄《しんげん》にして翰墨《かんぼく》に載《の》せ難《がた》し。更《さら》に図画《とが》を仮《か》りて悟らざるに開示す。
（密教の教えは深く神秘的なために、文字では伝えがたい。そこで図像をもちいて、理解できない人の眼を開くのです）　（『請来目録《しょうらいもくろく》』）

もともと仏教には、開祖のブッダ以来、究極の真理は、言葉やその言葉を表記した文字では伝えられないという原則があります。ブッダは、三五歳で悟りを開いてから八〇歳で涅槃《ねはん》に入るまで、四五年間の長きにわたって弟子たちを指導しましたが、その指導は、どう修行すれば悟りを開けるか、であって、悟りそのものについては、けっして語ろうとはしませんでした。

原始仏典の『パーサラーシ・スッタ（聖求経《しょうぐきょう》）』には、「わたしの証得《しょうとく》したこの真理は、甚深《じんしん》にして見難《みがた》く、難解で、寂静《じゃくじょう》で、たとえようもなく勝れ、推論の領域を超え、智者にのみ知りうる」と説かれています。ようするに、悟りは、すぐれた智慧《ちえ》の持ち主が、自身の心身で体得するしかない、ということです。

このあたりは「初めに言葉があった。そしてその言葉は神とともにあった、そして言葉は神であった」（『新約聖書』「ヨハネ福音書」）という立場にあるキリスト教とは、まったく異なります。すべては『コーラン』にあらかじめ書かれていると主張する、イスラム教ともまったく異なります。

この仏教の伝統を、打ち破ったのが密教でした。密教は、最高の真理を伝えるのに、言葉では×でも、シンボルをはじめ、図像なら○とみなしたのです。宗教学の専門用語でいえば、シンボルを駆使することで真理を把握しようという、象徴操作に踏み出したのです。

密教がマンダラを開発した理由は、別にもありました。インド仏教の最終ランナーだけあって、密教の教義はひじょうに緻密《ちみつ》というか複雑というか、とにかく理解するには尋常ではない能力や努力が欠かせなくなってしまっていました。そこで、マンダラというアイテムを創造して、ほとんど無時間的に教義を体得させるという方法を採用したともいえます。

文字を目で追っていくのは、時間がかかります。理解するには、さらに時間が必要です。でも、図像であれば、一瞬でこと足ります。このメリットはとても大きかったのです。もっとも、指導を受ける側に、それなりの資質がなければ、どうしようもありません。ですから、弟子の選び方は、他のタイプの仏教に比べても、はるかに厳格でした。

なぜマンダラが魅力的なのか

マンダラが魅力的なことは、密教に関連する美術展の目玉になっている事実から、よくわかります。さきほども述べたとおり、複雑で多様な形態と色彩が見られる事例は、他には求めがたいからです。

しかも、ただたんに複雑で多様な形態と色彩が見られるだけではありません。複雑で多様でありながら、そこにいわく言い難い秩序が感じられるのです。その微妙なバランスこそ、マンダラに特有の特徴の一つといえます。

もし仮に、ただたんに複雑で多様な形態と色彩が見られるだけだったら、見る人を混乱させてしまう可能性がはなはだ大です。そういう事例は、現代美術のなかに、ときどき見られます。その種の作品を創造した作者は、既存の価値観や世界観を破壊するのだ！　と言いたいのでしょう。

余談めいて恐縮ですが、わたしは二〇歳代から三〇歳代のころ、現代音楽のプロデュースにかかわっていました。そのころの現代音楽というと、一部にはいわゆる癒《いや》し系の作品もあるにはありましたが、おおむね刺激的かつ破壊的で、聞く人に不安感をあたえる作品が多かった気がします。原因は、作曲家が古典的な音階や和声《わせい》を否定したために、秩序感から遠く離れてしまい、それどころか作品によってはわざと耳障りな音を出すように指示していたためだけだからではないか、と考えています。

芸術家は、一般の人々に先行して、時代のありようを表現するという説にしたがうなら、二〇世紀という時代は不安だらけだったから、美術も音楽も不安感に満ちていたという話になるのでしょう。しかし、不安感ばかりを表現されても、どうかとおもいます。わざわざ美術展や音楽会に足を運んで、嫌な気分になって帰るというのは、いただけません。かといって、ありふれていて、安っぽい癒しでは、長続きせず、たちまち賞味期限が切れてしまいます。

マンダラはまったくちがいます。むしろ、見る人に、すこぶる深く長続きする安心感や至福感を提供します。

その理由は、マンダラが修行のためのアイテムとして開発され、さまざまな試行錯誤をへて、改良に次ぐ改良を繰り返してきたからではないか、とわたしは考えています。密教も仏教の一員ですので、ブッダの悟り体験を、いわば追体験することを、至上の命題とみなしてきました。

ブッダの悟り体験そのものは、すでに申し上げたとおり、絶対に言語化されませんでした。しかし、それが不安感や不快感とまったく縁がなかったことは、確かです。その証拠に、先ほど引用した『パーサラーシ・スッタ（聖求経）』に、到達した境地が「寂静」であると説かれていました。同じ経典には、「無上の安らぎ」という表現も見られます。

密教もまた、仏教である限り、「寂静」たる境地、「無上の安らぎ」を求めたことに疑いの余地はありません。とすれば、密教が創造した究極のアイテムともいうべきマンダラも、「寂静」たる境地、「無上の安らぎ」と無縁であるはずがありません。

マンダラの特徴

マンダラの視覚上の特徴は、以下の五つです。

①強い対称性
②基本的に円形
③閉鎖系
④幾何学的な形態
⑤完全な人工環境であり、自然はない

まず最初の特徴は、強い対称性に求められます。上下左右のどちらにも、対称的な図形です。あえて上下と左右を比べると、左右の対称性のほうが重視され、上下の対称性はやや軽視される傾向がみとめられます。いずれにしても、対称性をはずしたマンダラはありえません。

といっても、実際には、マンダラの発展段階によって、対称性が希薄な作例と強固な作例が見られます。おおむねの傾向として、未熟な段階では対称性が希薄で、完成度が高くなるほど対称性が強くなる傾向があります。

つぎに、マンダラならではの視覚上の特徴は「円形」です。マンダラが「円《まる》い」ことは、マンダラの意訳の一つに「輪円具足《りんねんぐそく》」がある事実からも、よくわかります。円形であれば、おのずから対称性は確保されますから、完成度の高いマンダラの基本形は必ず円形です。

ただし、例外はあります。じつは方形のマンダラもけっこう見られるのです。とりわけ完成度の高いマンダラほど、円形を基本としつつも、方形との組み合わせになっている傾向が顕著です。また、日本のマンダラでは、方形といっても、正方形ではなく、縦に長い長方形が圧倒的に多くを占めています。そこには日本特有の理由があったのですが、それについては後述させていただきます。

第三の特徴は閉鎖系です。ようするに、マンダラは閉じられた世界もしくは空間という意味です。その証拠に、完成度の高いマンダラの、いちばん外側のところに目を凝らすと、そこには護輪（スンコル）と金剛環が描かれています。このうち、金剛環は、ダイアモンド（金剛石）でつくられたバリアーです。ダイアモンドはこの世でもっとも硬い物質ですから、マンダラの内部と外部は完全に遮断されていることになります。これは、内部の聖なる領域に、外部から邪悪な存在が侵入してこないようにしていることを意味します。また、多重構造の各壁には、日本の城郭に見られる枡形《ますがた》によく似た堅固な門が設けられ、外部からの侵入を阻止しています。

以上の特徴を完備すると、全体の形態は必然的に幾何学的になります。いいかえると、きわめて整合性の高い図形にならざるをえません。イメージ的には万華鏡《まんげきょう》をのぞいたときに見えるような世界です。また、自然物がそのままのすがたで描かれることもありません。マンダラというと、有象無象、人工的なものも自然のものも、いろいろなものがごちゃ混ぜに入っていると考えている方がときどきいますが、それはまったくの誤解です。

もっとも、なにごとも例外がありますので、その点は注意が必要です。四つの特徴のうち、いずれかを欠くマンダラもないではありません。特に日本で制作されたマンダラに、その傾向が否定できません。日本仏教では、戒律をはじめ、どの分野でも原理原則から逸脱して、規制がゆるくなる、もしくは無視される傾向があります。マンダラもその例に漏《も》れません。

さらに、強い対称性も円形も閉鎖系も幾何学的な形態も自然描写も、全部まとめて無視してしまうマンダラすらあります。そうなると、マンダラと呼べるかどうか、はなはだ問題ですが、昔からマンダラとよばれてきた歴史があるので、やはりマンダラのジャンルに入れるしかありません。そういうタイプのマンダラも、じつはおおむね日本特産なのです。

なかでも、「宮曼荼羅《みやまんだら》」とよばれるタイプのマンダラは、マンダラの特徴をほとんどそなえていません。このタイプのマンダラは、神仏混淆《しんぶつこんこう》が生みの親です。神仏混淆とは、日本の神々とインド由来の仏菩薩を同一視する発想です。ただし、両者は対等ではありません。日本の神々は、インドの仏菩薩が、日本特有の事情にあわせて、わざわざ姿を変えて現れたとみなすので、仏菩薩が主、神々が従、という関係になります。近代以前では、「本地（本体）の仏菩薩が、迹《あと》を垂れる＝化身として姿を現す」のが日本の神々と説明されたため、本地垂迹《ほんじすいじゃく》とも表現されてきました。「宮曼荼羅」の構図は極端に縦長になり、左右の対称性もほぼ完全に無視されています。おまけに、自然が堂々と描かれています。

このように、なぜ、日本のマンダラでは原理原則が貫かれないのか、これは考えるに十分あたいする問題なので、のちほど論じたいとおもいます。

厳密なマンダラ

ここまで述べてきたとおり、厳密な意味のマンダラは、密教が修行のためのアイテムとして開発した図像です。どのマンダラも、典拠となる密教経典があり、その記述にもとづいて、制作されてきました。もちろん、経典の文言が抽象的だったり曖昧《あいまい》だったりすることも少なくないので、さまざまな解釈が生まれる余地は十分以上にありましたから、同じ経典にもとづいていても、多種多様なマンダラが誕生しています。

なかには、独自性を強調するために、あえて異論を唱え、新たなマンダラを創出した形跡すら見られます。密教を含め、仏教には、キリスト教の公会議のような、絶対的な権威をもち、正統と異端を峻別《しゅんべつ》する機関は創設されませんでした。ですから、どの流派も、自説を遠慮なく主張したり展開したりできたのです。その結果、マンダラには「～流」と称して、その流派独特の図様をしめす作例が、あまた創出されました。

現時点で、厳密な意味のマンダラが見られる地域は、密教が活動しているところに限られます。密教が活動している地域を具体的にあげると、日本のほかに、チベットとネパールです。

ただし、現状ではチベットという国は存在しませんので、チベット仏教圏と考えてください。その範囲は主に、中国の南西部に位置するチベット高原一帯、インドのヒマラヤ山脈地方とブータン、それにネパールの一部です。ネパールの密教は、いま述べたチベット密教系とネパール独自のタイプの、二系統があります。後者は日本の真言密教にやや近く、前者とはかなり異なっています。

歴史をさかのぼると、密教は、生まれ故郷のインドはもとより、南アジアから東南アジアにかけての地域で活動していましたから、遺跡や遺物として、マンダラが見られます。インドでは東部のオリッサ地方の寺院遺跡、インドネシアではジャワ島中部のボロブドゥールが典型例です。

意外なのは、生まれ故郷のインドでは、残されているマンダラの数が思いのほか少ないという事実です。しかも、日本やチベットに伝来するような、緻密で完成度の高い作例はほとんど見られません。いいかえると、まだ未熟で、いかにも発展途上の段階を思わせる作例が大半なのです。

なぜ、そうなってしまったのか。いろいろ想像できます。すぐれたマンダラも制作されたものの、密教の滅亡とともに、破壊されてしまったのか。それとも、インドのマンダラは、その用途から推して、修行や儀礼に使えればそれで十分とみなされ、さほど緻密な必要もなければ、高い完成度を求められることもなかったのか。もし、そう考えれば、日本やチベットで制作されたマンダラのほうが、むしろ特殊なのではないか。日本やチベットのような後進地域では、マンダラ本来の用途のほかに、宗教的な権威の象徴として受用される傾向があったゆえに、緻密で完成度の高い作例が必要とされたのではないか……。

以前から、マンダラ研究者を悩ませてきた難問です。

マンダラによく似た図形

興味深いのは、密教が開発した厳密な意味のマンダラのほかに、マンダラによく似た図形が、世界中にひろく見られるという事実です。密教が開発した厳密な意味のマンダラを狭義のマンダラと呼ぶなら、広義のマンダラと呼べるかもしれません。

このタイプのマンダラをもつ宗教や地域、文化や民族は、ヒンドゥー教、キリスト教、イスラム教、ケルト文化、アメリカ先住民などなど、きわめて広範です。

ヒンドゥー教の場合は「ヤントラ」と呼ばれ、その目的も形態も、密教にとても近いといえます。密教とヒンドゥー教のあいだには、競合と融和の複雑な歴史がありましたから、当然の結果です。さらに、インドでは、女性たちが祝福や魔除《よ》けを目的に、「ランガヴァリ」とか「ランゴリ」とよばれるマンダラ状の図形を、地面に、小麦粉から作った白い塗料で描いてきた伝統があります。この伝統は、マンダラの起源を考えるうえで、重要な意味があります。

キリスト教では、六世紀に、ローマ教皇のグレゴリウス一世が、字が読めない信者たちのために、教会の壁面に宗教的な場面を描くように命じて以来、キリストやマリアの生涯にまつわる場面を、円のなかに描いてきました。建築技術が進むと、ステン

チベット密教では、儀式のために鮮やかな色砂で何日もかけて「砂絵マンダラ」を描く。ネパール・カトマンドゥのチベット密教寺院セギュパ・タツァンにて

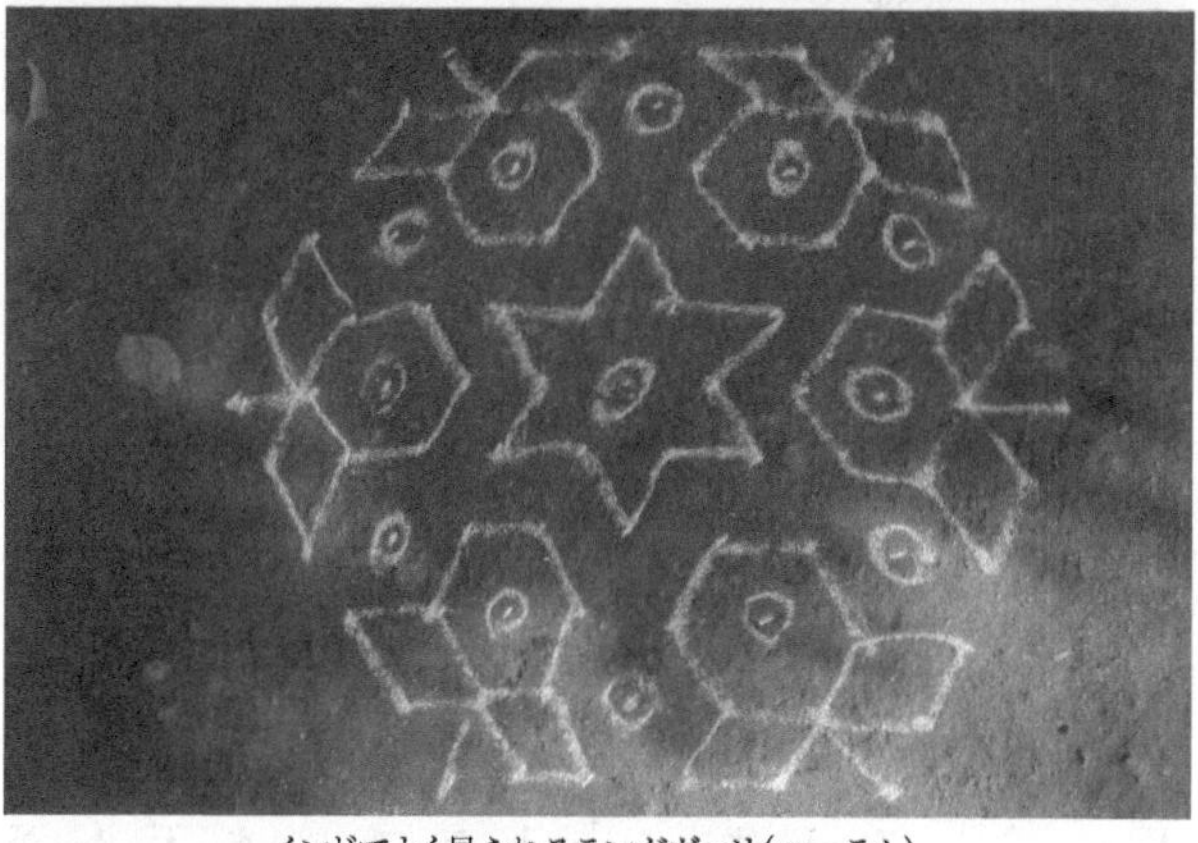

インドでよく見られるランガヴァリ(コーラム)

ドグラスが同じ役割を、よりいっそう鮮やかに演じることになります。その典型例が、ゴシック様式の教会や大聖堂に見られるバラ窓です。そして、中世最大の聖女の一人、ビンゲンのヒルデガルト（一〇九八〜一一七九）のように、「宇宙卵」や「回転する天使の図」と称して、密教のマンダラそっくりの図形をみずから描く人物もあらわれました。

イスラム教でも、マンダラによく似た図形が見られます。神秘主義の伝統のなかで、神との合一をめざす精神的な階梯《かいてい》「マカーマート」を象徴する図形として、マンダラ状の図形が想定されました。スペイン生まれの神秘家として有名なイブン・アラビー（一一六五〜一二四〇）は、マンダラそっくりの図形、「創造の図表」を描いています。

古代ケルト人は、紀元前千年期のころ、小アジアはもとより、ヨーロッパの西部と中部と東部の大半を支配していました。その子孫は、主にイギリス諸島に残っています。かれらの文化、すなわちケルト文化は、「ケルト十字（円と組み合わされた十字）」や複雑にからみ合う組み紐《ひも》細工、鍵《かぎ》文様（つなぎ合わせられた幾何学文様）、あるいは渦巻き文様のかたちで、マンダラによく似た図形をつむぎだしました。

アメリカ先住民のあいだでも、マンダラそっくりの図形が見られます。たとえば、ナヴァホ族が儀式にもちいる円形の籠《かご》や砂絵が、そうです。儀式のために地面の上に築かれる「メディシン・ホイール」も、マンダラにひじょうによく似ています。北メキシコのウイチョル・インディアンは、交叉《こうさ》する棒のうえに、明るい色の糸で織ったマンダラ状の図形を制作してきました。かれらにいわせれば、この図形は「神の眼」であり、神の世界への出入り口になるそうです。

最古のマンダラ状図形は、紀元前三〇〇〇年期に、天体の運行を観察して未来を予知するために建設されたメソポタミアのジグラット、つまり階段状のピラミッドにほかならない、と考える研究者もいます。

これらの事例のうち、いくつかは密教のマンダラから影響を受けている可能性があります。しかし、大部分は、空間的にも時間的にもギャップが大きすぎて、密教のマンダラから影響を受けたと考えるのは、とうてい無理でしょう。むしろ、狭義と広義とを問わず、マンダラを生みだす源泉が、全人類に共有されていると考えるべきなのかもしれません。

では、マンダラを生み出す源泉とは何でしょうか。それを見極めるのは困難です。でも、わたしたちの意識の下にひそむ広大な領域、すなわち無意識と深いかかわりがあることだけは、想像にかたくありません。このことは、もう少し後のところで、論じます。

ケルト十字。世界遺産のアイルランド・ニューグレンジ モナスターボイスにて

ノートルダム大聖堂のステンドグラス「バラ窓」

自然界のマンダラ

ここまでは、人間が生み出したマンダラやマンダラによく似た図形を見てきました。これらは、いわば人為的もしくは人工的なマンダラのたぐいです。

しかし、じつは自然界のいたるところに、マンダラの特徴にほかならない幾何学的な構成、強い対称性、円形などをしめす事例が見出《みいだ》せるのです。すぐ思いつく例は、植物です。花弁はもとより、幹《みき》や茎《くき》の横断面は、みなそろって、幾何学的な構成、強い対称性、円形という要素をそなえています。もっと身近なところでいえば、キッチンにもマンダラは見出せます。蜜柑《みかん》を横方向に切れば、その切り口はマンダラの特徴をみごとにそなえています。キュウリもナスもバナナも、みな同じです。

戸外に目を向ければ、雪の結晶がマンダラそっくりです。雪の結晶は六角形を基本としていて、とても複雑なのにまったく無駄がなく、しかもきわめて合理的な構造という点でも、マンダラによく似ています。

水面《みなも》に石を投げれば、波紋が同心円状にひろがっていきます。そもそも、音であれ震動であれ、波の性質をもつものは、対称性や円形ととても相性が良いのです。全然ありがたくない事例ですが、地震波が震源から同心円状にひろがっていく様子も、マンダラを連想させます。

空を見上げれば、そこにも円形があります。わたしたちが住んでいる地球はもとより、太陽も月も、その他の天体も、ことごとく球体で、平面図に描けば、円形です。惑星の軌道は、正確を期せば、楕円《だえん》ですが、それはケプラーなどの優秀な天文学者が、緻密な観察にもとづく計算の結果、ようやく解明したことであって、わたしたちの肉眼には円にしか見えません。

太陽も月も、東から出て、虚空に大きな弧を描きつつ、西に沈んでいきます。そして夜空の星座も、見かけ上は、天球とよばれる巨大なドームの内側に張り付いているかのように、東から西へと大きな弧を描いていきます。

鉱物の結晶も、マンダラを連想させる形をしています。ダイアモンドや石榴石《ざくろ》（ガーネット）の結晶は、六面体・八面体・一二面体・二四面体などで、立体化されたマンダラにそっくりの形をしています。玄武岩の柱状節理も、立体化されたマンダラを思わせます。

昆虫の世界にも、マンダラによく似た形状はあります。まずあげられるのは、ミツバチの巣です。自然界におけるもっとも完成度の高いマンダラかもしれません。正六角形がまったく隙間なく並び、最少の材料で抜群の強度を実現している構造は、ハニカム構造という呼称の由来になったことでも有名です。

蜘蛛《くも》の巣も、マンダラの条件をかなりよく満たしています。とりわけ、まず外枠を張り、つぎに縦糸を対角線状に何本も張り、さらに横糸を細かく細かく張っていくという過程が、チベット密教の僧侶《そうりょ》が砂絵マンダラを、息を詰めながら描いていく過程と、じつによく似ているのです。

そう考えれば、わたしたちは常日頃、マンダラっぽい図形を、それと意識せず、目にしていることになります。初めて密教のマンダラを目にしたとき、他の絵画とはまったく次元を異にする、非常に変わった図形にもかかわらず、案外、違和感を生じない理由は、ひょっとしたら、このあたりにあるのではないでしょうか。

仏教の叡智と欧米の精神医学

ご存じのとおり、ヨーロッパの文化はキリスト教と古代ギリシア文明をベースにきずかれ、仏教とはまったく縁がありませんでした。そんな歴史のヨーロッパで、具体的な国の名前をあげるとフランスやドイツで、仏教が研究の対象になったのは一九世紀になってからでしたから、さして古い話ではありません。まして、マンダラが研究の対象になったのは、二〇世紀になってからのことにすぎません。

ヨーロッパの仏教研究者たちが、最初に強い関心をいだいたのは、かれらの目には合理的かつ理性的に映った初期仏教（原始仏教）でした。特にセム型一神教（ユダヤ教・キリスト教・イスラム教）が想定してきたような、唯一絶対にして、人格をもつとされる神なしでも、宗教として成立するところに、多大の関心をいだいたようです。なお、神が人格をもつという意味は、神と人間の間でコミュニケーションが成り立つということです。より具体的にいえば、預言者と呼ばれる存在を通じて、神が人間に語りかけてくるという意味です。

そうなると、初期仏教とは、さまざまな意味で対極に位置する密教は、むしろ仏教の堕落した形態としか映らなかったのです。密教は仏教の堕落した形態という認識は、日本仏教界にもありましたし、現在でも完全に払拭《ふっしょく》されたとはいえません。さる有名な仏教学者は「密教は仏教の糞《くそ》みたいなものだ！」と言っていたと聞きます。

また、研究の対象が文献にかたよっていたことも、図像が不可欠で、かつ実践をともなうマンダラ研究が遅れてしまった大きな原因でした。この点は、今でもあまり変わっていません。仏教学の王道は文献研究以外にありえない、と思い込んでいる研究者は、世の東西を問わず、いくらでもいます。他の宗教はいざ知らず、仏教は、開祖のゴータマ・ブッダが修行を重ねて悟りを開いて以来、修行の宗教として展開してきたという、基本中の基本が無視されているのです。

こうしてヨーロッパでは遅れ気味に始まったマンダラ研究には、仏教の他の領域に関する研究には見られない特徴がありました。発端から精神医学と深いかかわりがあったのです。

仏教の叡智《えいち》に関して、近現代の欧米で発展した精神医学が注目してきた実例といえば、インドの瑜伽《ゆが》唯識派《ゆいしきは》が探究した人間の深層意識があげられます。意識の下に、意識とは比べものにならないほど膨大な無意識が存在することに、欧米の精神医学が注目するようになったのは、ジークムント・フロイト（一八五六〜一九三九）が精神分析学を開拓し、カール・グスタフ・ユング（一八七五〜一九六一）が分析心理学を提唱して以降です。ところが、仏教では一五〇〇年以上も前から、そのことに気付き、理論を発展させるとともに、修行に利用してきたのです。

マンダラとユング

では、マンダラの場合はどうだったかというと、最初から精神医学と、これ以上はないくらい、深くかかわっていました。ヨーロッパにおけるマンダラ研究は、イタリアの東洋学者ジュゼッペ・トゥッチ（一八九四〜一九八四）から始まりました。そのトゥッチが、精神医学者のユングから大きな影響を受けていたのです。

確かな証拠があります。マンダラ研究の古典的な名著として、この領域の研究をこころざす者なら、誰一人知らぬ者はないといわれる『*TEORIA E PRATICA del MANDALA*』（トゥッチ　一九六九　日本語訳『マンダラの理論と実践』）には、「**con speciale riguardo alla moderna psicologia del profondo**（特に現代の深層心理学を考慮して）」という副題がつけられているのです。この「現代の深層心理学」がユング心理学を指していることは、トゥッチとユングのあいだに深い親交があった事実、および本書の序文の、以下の文言から明らかです。

読者はこのグノーシス（著者注：霊智《れいち》）が、他の異なる地域や時代の思潮によって表されたこれに相当する形式や表現と、著しい類似点をもっているのを発見されることでしょう。また、このグノーシスが近代的で、より系統立った理論の先駆《さきが》けになっている場合さえも多い、ということに気づかれるかもしれません。しかし、われわれが取り扱っているものは人間の魂に内在する原型であるため、それも当然のことといえるのです。人間の性格のうちのいずれかが優勢になったために、すでに崩壊してしまったか、あるいは崩壊の危機に面している「意識本来の」統一状態を人間が取り戻そうと努力するとき、その原型は地域や時代の違いを超えて、類似した形で再び現れ出てくるのです。私は精神分析に関する、ユングの方法による、常に斬新でより広範な研究成果を知らないわけではありません。私の見るところでは、彼の分析は人類の思想史の上に不滅の足跡を残すことになるでしょう。

（訳　金岡秀友・秋山余思）

このなかには、ユングという名前はもとより、かれが提起した「原型（アーキタイプ）」という概念までが登場しています。さらに、本文のなかでも、トゥッチは、明らかにユングの理論に立脚した独自の見解を述べています。具体的な例をあげれば、密教の三密、つまり身・語・心の活動を、身体と言葉と精神の「原型」とみなす見解などが、その例証といえます。このように、ユングとマンダラ研究は、切っても切れない密接な関係にあるのです。

マンダラ塗り絵

ユングが全人類に共通する無意識の普遍的な収納庫を、集合的無意識と名付けたうえで、マンダラはまさに普遍的な原型にちがいないと考えたことを、ご紹介します。

そして、ユングは精神を病《や》む人々を治療するうちに、かれらがマンダラによく似た図形を描くことに気付きました。ユングによれば、マンダラは秩序の、そして心の統合と全体性の原型であり、患者がみずからを治癒《ちゆ》しようと、ほとんど無意識にこころみるときに出現するというのです。

したがって、マンダラは、象徴という手段をとおして、対極にある存在どうしの熾《し》烈《れつ》な葛藤《かっとう》を調和にみちびき、崩壊していた秩序を再統合し、その結果、患者と世界が和解してゆくための、きわめて有力な方途になりうるとも、ユングは考えました。

しかも、マンダラは、精神病患者が表現したものであろうと、チベットや日本の高度な宗教的伝統が伝承してきたものであろうと、また一見しただけではあまりに多種多様におもえようと、そこに根本的なパターンの一致が見出せるとユングは主張します。なぜならば、マンダラは、全人類に共通する集合的無意識にゆらいしているからであり、それゆえにマンダラこそ、原型のもつ普遍的な作用をしめす最良の事例の一つなのだというのです。

こうしてユングは、マンダラとかかわることで、深い癒しが得られることを発見しました。たとえ宗教的な伝統と離れていようとも、自発的にマンダラを描いたりマンダラに色を塗ったりすることで、これまで誰も考えたことのない発想が生まれ、自分の無意識にひそんでいるエネルギーやイメージにアクセスできる可能性を発見したのです。

以上のいきさつをへて、欧米に在住するユング派の精神科医や心理学者が、マンダラ型の塗り絵を考案し、治療に使い始めました。それが「マンダラ塗り絵」の発端です。

その後、日本でも一部の精神科医が、治療にマンダラ塗り絵を導入しました。わたし自身も三〇年ほど前に、知人の精神科医から、「こんなものがありますが、興味がありますか」と手渡されました。

そのマンダラ塗り絵はアメリカ製で、いたって単純な図柄でした。日本やチベットのマンダラをたくさん見てきたわたしの眼には、あまりに素朴すぎて、満足できませんでした。そこで、もっと良いものを自分で描けるのではないかと考え、実際に描いてみました。

原則として、伝統的なマンダラのコピーは避けました。それではあまりに抹香臭くて、現代人には受けいれられないと判断したためです。現代の日本では、「宗教」をにおわせると、とたんに拒否反応が出てしまう傾向がはなはだ強いのです。

したがって、マンダラにとって最も重要な、幾何学的な構成がもたらす強い対称性をたもったまま、宗教をイメージさせがちな要素、たとえば仏菩薩や神々のすがたをできるだけ消去し、動植物や風景、もしくは抽象的なパターンの繰り返しなど、誰の目にも、おもわず塗りたくなるようなデザインに変換してみました。

この試みは成功しました。まず、その当時、奉職していた大学の授業で、使ってみました。すると、授業内容に興味をもてず、とかく集中力に欠けがちな学生までが、夢中になって塗ってくれました。そして、マンダラ塗り絵以外の授業にも、なぜか、興味をいだくようになったのです。なかには、それまで何をさせても全然ものにならず、いわゆるお荷物状態だった学生が、マンダラ塗り絵をきっかけに、俄然《がぜん》、学問に目覚めたらしく、猛烈に勉強し始めて、某有名国立大学の大学院に合格し、いまは立派な研究者になっている例すらあります。

その後、マンダラ塗り絵に理解をしめしていただいた出版社から、上梓《じょうし》したところ、予想以上によく売れました。かなり多くの種類が出版され、どれもロングセラーになっているようです。

最近も、マンダラ塗り絵を塗ることで、心身ともに癒されたという声をたくさん耳にします。うつっぽい気分から抜け出せた、元気が出てきたとおっしゃる方もいます。よくあるのは、塗り上がったマンダラが、予想をはるかに超えて美しかった、すごい達成感があったという感想です。

また、一定の期間をおいて長く塗りつづけていくことで、塗り絵の変化から、自分の心と体が変化していくようすに気付いた人もいます。同じマンダラを塗っても、同じマンダラとはとうてい信じられない結果をまのあたりにして、個性やアイデンティティを再認識できたというケースも、少なからずあります。

このように、マンダラは過去の遺物ではないのです。密教僧のための瞑想《めいそう》アイテムという本来の目的を超えて、二一世紀に生きるわたしたちにとって、まさに使える、役に立つアイテムなのです。

このことを実感していただくために、本書の巻末に、特別に創作したマンダラ塗り絵を載せておきました。そして、どのように塗れば、もっとも効果的か、というアドバイスも付けました。

1章の最後に、これまでほとんど指摘されてこなかったマンダラの秘密を明かします。

じつは、マンダラに描かれているのは、もっぱら「生」の世界なのです。いいかえると、マンダラのなかに「死」は存在しません。

マンダラの生みの親である密教も、宗教であるかぎり、「死」をあつかいます。しかし、マンダラだけは「死」と無縁です。マンダラが生きる力に満ちている理由の一つは、このあたりにあるのかもしれません。

2章　密教の歴史——マンダラが生み出された背景

密教とは何か

マンダラが、密教と呼ばれるタイプの仏教によって、最高の真理を、瞬時に伝えるために開発されたことは、1章で述べました。つまり、密教こそ、マンダラの生みの親なのです。したがって、密教がなければ、マンダラは生まれませんでしたが、同時に、マンダラのない密教もありえませんでした。なぜなら、密教は、マンダラを生み出すことで、密教以前の仏教から、密教へと大きく飛躍したからです。このように、密教とマンダラは相互に深くかかわりあっています。

用語としての密教は、「秘密仏教」の略称です。この場合、「秘密」には、最高の教えなので秘密にされていて、選ばれた者にしか知ることができないというニュアンスが込められています。

問題は、「選ばれた者」を、どのように選ぶか、です。別の表現をするならば、「選ばれる資格」とは何か、です。歴史上、初めて本格的なマンダラを説いたことで知られる『大日経《だいにちきょう》』の第二章にあたる「入漫荼羅具縁真言品《にゅうまんだらぐえんしんごんぼん》（マンダラを建立して入るにあたり、必要な条件と真言をあきらかにする章）」には、五つの条件があげられています。

①仏法を授けるにふさわしい資質（法器《ほうき》）に恵まれ、もろもろの苦から解き放たれていること
②仏教をかたく信じ、深く理解していること
③真理を体得するためであれば、いかなる苦難にもひるまない強靭《きょうじん》な精神力をもつこと
④仏教に対する熱烈な信仰心をもつこと
⑤つねに自分の救いよりも他者の救いを心掛けていること

このなかでも、とりわけ重視されてきたのは①の「法器」、すなわち資質です。もちろん後天的な努力も大切ですが、先天的な能力がものをいう傾向が認められます。密教の歴史に偉大な足跡を残した人物には共通して、強靭な体力と精神力、驚異的な記憶力などにくわえ、神秘的な能力、たとえば仏菩薩《ぶつぼさつ》や神々とじかに交信できる力が不可欠だったようです。

ちなみに、日本の密教界は、密教以前の仏教を、「顕教《けんぎょう》」と呼んできました。空海が『弁顕密二教論《べんけんみつにきょうろん》（顕教と密教という二つの教えの違いについての論考）』という書物をあらわして、密教と顕教を比較したのが、最初の事例です。

顕教という表現には、字面のイメージとはまるで反対に、「表面的な浅い教え」というニュアンスが込められています。この種の呼称は、後発の大乗仏教が「自分たちの教えこそ悟りへの偉大な乗り物」と誇り、先発の初期型仏教を小乗《しょうじょう》仏教、すなわち「悟りへの小さな乗り物」と、軽蔑《けいべつ》したのと同じたぐいです。

ようするに、密教からの一方的な見解なのですが、密教の僧侶《そうりょ》に、顕教の僧侶よりも、高い資質が求められてきたのは、事実です。チベット仏教界を例にとれば、ダライ・ラマを最高指導者に仰ぎ、正統派を自任するゲルク派では、顕教の僧侶として十分な修行を積み、最優秀と認められた者だけしか、密教の修行にすすめませんでした。顕教の僧侶から、密教の僧侶になれたのは、一〇人に一人か、それ以下にとどまっています。

密教がそこまで資質にこだわってきた背景には、密教には、顕教にはない危険性が秘められていることもあります。密教の修行は、ときとして、強烈な体験をもたらします。その体験の意味を、正しく受けとれないと、いわゆる増上慢《ぞうじょうまん》にとりつかれてしまう可能性が、きわめて大きいのです。本当は悟ってもいないのに、悟ったと思い込んで、疑わない。表層の体験を、深奥の体験と見誤る。最悪の事態です。わたし自身、日本で、そういう人物に出会ったことがあります。また、狂乱状態におちいって、そこから出られなくなってしまった人物にも、チベットで、出会いました。両眼をギラギラと異様なまでに輝かせ、精神を病んでいることは、あきらかでした。

密教・密蔵・真言乗・金剛乗

密教という呼称は、別の言葉で表現されることもあります。というより、歴史を振り返ると、密教という呼称が、いわゆる通称だったとは言い切れません。現に、日本密教の第一人者、空海は、密教よりも、「密蔵《みつぞう》」という表現をよく使っていました。

話が前後して恐縮ですが、「密教」という呼称を、いつ、誰が、使いはじめたのか、わかっていません。漢熟語ですから、中国で使いはじめたに決まっています。しかし、いつ、誰が、は不明のままです。わたしが知る範囲では、最初の本格的な密教経典として有名な『大日経』に対する註釈《ちゅうしゃく》書である『大日経疏《だいにちきょうしょ》』「入真言門住心品第一」に、「以密教不可直宣故」（『大正新脩大蔵経』第三九巻　五七九頁）と説かれているのが、初出かもしれません。

そもそも、生まれ故郷のインドには、秘密仏教の原語にあたるサンスクリットの表記は見当たりません。その代わり、「マントラ（真言）」、すなわち「聖なる呪文《じゅもん》」あるいは「力ある言葉」を多用するので、「マントラ・ヤーナ（真言乗《しんごんじょう》）」とも呼ばれました。空海を祖とする密教の宗派が「真言宗」と称する理由も、ここにあります。また、インドでは最高の教えを「ヴァジュラ（ダイアモンド＝金剛石《こんごうせき》）」にたとえるので、「ヴァジュラ・ヤーナ（金剛乗《こんごうじょう》）」とも呼ばれました。

そして、インドやチベットでは、顕教経典を「スートラ」と呼ぶのに対し、密教経典を「タントラ」と呼ぶ伝統があります。この「タントラ」という呼称にもとづき、欧米の研究者たちは密教を「タントリズム」と呼んできました。その背景には、日本の密教研究が、漢訳資料が豊富に残されている中期密教に大きな比重を置いてきたのに対し、欧米における密教研究が、サンスクリット原典やチベット語訳本が豊富に残されている後期密教に、大きな比重を置いてきたこともかかわっています。

「タントリズム」は、日本の研究者のあいだでは「タントラ仏教」とか「仏教タントリズム」と翻訳されています。ところが、伝統的な密教界では、「タントリズム」という呼称は嫌われる傾向があります。

その理由は、こういうことです。「タントラ」という呼称は、密教の歴史からすると、もともと後期に成立した密教経典に対して使われてきました。後期に成立した密教経典のなかには、悟りへと至る有効な方途として、修行に性行為を導入したり、あらゆる束縛から解放されるためといって、あえて肉を食べ酒を飲むなど、仏教の戒律に抵触する例が見られます。

それに対し、空海を祖とする日本密教は「純密《じゅんみつ》」、すなわち戒律に抵触することなどありえない「純粋な密教」を標榜《ひょうぼう》してきました。したがって、いかがわしい「タントリズム」と一緒にされては困る、というわけです。後期密教の研究が進んだ現在ではほとんど使われませんが、かつては後期密教のことを「左道《さどう》密教」、つまり「邪《よこしま》な密教」と呼ぶことすらありました。

密教の特徴

このように、密教は呼称からして、なかなか厄介です。理論や実践になると、もっと厄介です。しかし、密教こそ、マンダラの生みの親なのですから、マンダラを理解するためには、まず密教を理解しておかなければならないことになります。

1章では、密教とは「インド仏教の最終ランナーで、インドで生まれた仏教の究極のかたち」と述べました。ここでは、密教を理解するのに最低限、必要とおもわれる特徴を、以下にあげてみます。

①インド大乗仏教の最終ランナー
②現世に肯定的――条件付きで欲望を容認
③神秘主義
④象徴（シンボル）を駆使
⑤儀礼を重視

じつは、これらの特徴はどれをとってもマンダラと深い関係があります。以下では、この点を注視しながら、説明をくわえていきます。

インド大乗仏教の最終ランナー

まずは、①の「インド大乗仏教の最終ランナー」についてです。ここで述べる時代をもう少し具体的な年代でいうと、五～六世紀から、インド仏教がほぼ壊滅した一三世紀の初めころです。インド仏教は、開祖のブッダ以来、初期型仏教（原始仏教）↓

大乗仏教→密教というかたちで展開しました。ここで留意すべきは、初期型仏教が衰えて大乗仏教が興隆し、大乗仏教が衰えて密教が興隆したというぐあいに、いわば直線的に展開したのではないという事実です。

かつて、初期型仏教は、一～二世紀ころに大乗仏教が興隆してくるなかで、勢力を失っていったと考えられていました。しかし、近年では、初期型仏教の勢力はひじょうに大きく、むしろ大乗仏教の勢力は、これまで考えられていたほど大きくなかった事実があきらかになっています。この段階では、初期型仏教こそ主流派だったのです。

その後、五～六世紀のころになると、都市の衰退をはじめとするインド社会全体の変容にともなって、仏教とはライバル関係にあったヒンドゥー教が大きく興隆し、さらに七世紀になると西の方からイスラム教勢力が侵入してきたことなどもあって、初期型と大乗を問わず、仏教は勢力を失っていきます。それでも、初期型仏教が主流派だったことには変わりはありませんでした。七世紀の前半にインドへ留学した玄奘三蔵《げんじようさんぞう》が書いた『大唐西域記《だいとうさいいきき》』によれば、初期型仏教と大乗仏教は、教団数の比率からすると、六〇対二四ですから、初期型仏教が圧倒的に優位だったのです。

仏教全体が衰退していくなかで、もともとさして大きな勢力ではなかった大乗仏教は、なおさら苛酷《かこく》な状況にあったようです。そんな状況のもとで、劣勢をなんとか挽回《ばんかい》しようと、五～六世紀ころを起点に、大乗仏教のなかから台頭してきたのが密教でした。

劣勢を挽回するために、密教はさまざまな方策を試みました。その方策とは、たとえば、成功しつつあるヒンドゥー教の要素を、とりこむことでした。具体的な例をあげると、ヒンドゥー教の神々を、密教に帰依《きえ》したという理屈をつけて、勧誘したのです。毘沙門天《びしゃもんてん》や弁才天《べんざいてん》のように、「天」という言葉が、名前の末尾に付いている神々は、このときの移籍組です。

ヒンドゥー教の影響は、マンダラを見ると、いやおうなく実感させられます。ヒンドゥー教からの移籍組が一大勢力となっているのです。マンダラによっては、マンダラを構成する尊格（仏菩薩や神々）のうち、三分の一ほどがヒンドゥー教出身の神々で占められています。

それまで低級な行為として否定されがちだった現世利益《げんぜりやく》の追求も、異なる位置づけがなされました。やみくもに否定するのではなく、人々を密教へみちびきいれる手段の一つとして、実践されるようになったのです。典型例は護摩《ごま》です。供物《くもつ》を聖なる火で焚《た》いて、仏菩薩や神々にささげ、願望の成就をはかる儀礼は、現世利益と同時に、煩悩《ぼんのう》を燃やして浄化し、悟りの道を開く行為とみなされ、むしろ推奨されたのです。

ヒンドゥー教がまだ手を付けていない領域に進出することも、試みられました。その一環として、新たな修行法の開発も、さかんに試みられました。マンダラをもちいる瞑想《めいそう》法は、その成果の一つにほかなりません。瞑想は、ゴータマ・ブッダが悟りを開くうえで、最も重視した実践法ですから、成功率の高い瞑想法の開発は、きわめて大きな意味をもっていました。

これらの方策は成功をおさめ、インド仏教の延命におおきく貢献しました。もし、密教が台頭しなければ、インド仏教はもっと早く滅んでいたはずです。最終段階では、大乗仏教の後継者となった密教が、インド仏教の中核を占めていた可能性があると考えられています。

その証拠に、インド仏教最後の拠点となった東インドのヴィクラマシーラ大僧院は、ジュニャーナシュリーミトラ、アバヤーカラグプタ、アティーシャをはじめ、後期密教を代表する巨匠たちを擁して、文字どおり、密教の牙城《がじょう》でした。逆にいえば、このようなヴィクラマシーラ大僧院が、イスラム勢力によって徹底的に破壊されたことによって、インド仏教は壊滅したのです。

密教もいろいろ

ひとくちに密教といっても、インドでは、誕生してから壊滅するまで、八〇〇年近

日本とチベットの密教／タントラ区分（分類には諸説あり）

日本密教界	前期	中期		後期
チベット密教界 （プトゥンの四分法）	所作タントラ	行タントラ	ヨーガタントラ	無上ヨーガタントラ
成立年代	～6世紀	7世紀前半	7～8世紀	8～12世紀
中心仏格	釈迦《しやか》如来	大日如来		秘密集会《ひみつしゆえ》 チャクラサンヴァラ カーラチャクラetc.
目　的	現世利益	悟り		悟り
主要経典	灌頂経《かんじようきよう》 金光明経《こんこうみようきよう》	大日経 金剛頂経 理趣経《りしゆきよう》		秘密集会タントラ 最勝楽出現《さいしようらくしゆつげん》タントラ カーラチャクラ・タントラ
慧光の分類	雑密	純密		知識なし

い年月がありますから、基本的な性格はそれなりに共通するとしても、内実はかなり異なります。

そのため、日本密教界でもチベット密教界でも、この間をいくつかに区分して理解しようと試みてきました。そのなかで、こんにちの研究動向から見ても、もっともすぐれているとおもわれる区分が、『チベット大蔵経《だいぞうきよう》』を集大成したことで有名な大学僧プトゥン（一二九〇～一三六四）の四分法です。いずれもあくまで便宜的な区分ですが、密教の概要を把握するには役立ちます。

この一覧表を見ると、日本密教界とチベット密教界とでは、区分の基準が異なっていることがわかります。日本密教界では時期で区分しているのに対し、チベット密教界ではタントラ（文献）で区分しています。

日本には、インドで八世紀前半までに成立した密教経典が、中国を経由して伝えられました。ですから、「無上ヨーガタントラ」については、知識がありませんでした。

また、空海以来、『大日経』と『金剛頂経《こんごうちょうぎょう》』を二大聖典とみなしてきました。より正確にいえば、空海が留学先の中国で、二大聖典にもとづく体系的な密教に出会い、その教えを受け継いで、日本に帰ってきたのです。

これをうけ、江戸時代の霊雲寺《れいうんじ》慧光《えこう》（一六六六～一七三四）は、密教を、現世利益の追求に終始する「雑密《ぞうみつ》」と、二大聖典にもとづいて悟りを求める「純密《じゅんみつ》（純粋密教）」に分けました。この二分法をプトゥンの四分法にあてはめると、「雑密」が「所作《しょさ》タントラ」に、「純密」が「行《ぎょう》タントラ」と「ヨーガタントラ」にあたります。

この「雑密」・「純密」の二分法は、近代以降になって、「無上ヨーガタントラ」の存在が知られることになっても、日本の密教界に影響を残しているようです。それは、こういうことです。

日本の密教研究者のあいだでは、密教を前期・中期・後期の三期に分ける区分がよくつかわれてきました。「雑密」を前期に、「純密」を中期にあて、この中期＝「純密」こそ最高の密教と評価します。そのうえで、「無上ヨーガタントラ」にあたる後期は、堕落して不純な密教の形態とみなしたいという願望が、見え隠れするのです。

チベットでは、プトゥンが、四分法を一種の発展段階として位置づけ、最後の「無上ヨーガタントラ」こそ最高の密教とみなしていましたから、その差は歴然としています。

このとおり、日本密教とチベット密教とでは、価値観が異なっていますが、どちらが正しいか、という設問は、意味をもちません。なにしろ宗教上の問題ですから、客観的な判断とはなじまないのです。

さらにこのことは、マンダラの位置づけとも深くかかわっています。日本のマンダラは、『大日経』にもとづく胎蔵《たいぞう》マンダラと、『金剛頂経』にもとづく金剛界《こんごうかい》マンダラを、ペアもしくはセットとみなし、両部《りょうぶ》とか両界《りょうかい》というネーミングで、文字どおり両立させてきました。

胎蔵マンダラと金剛界マンダラという二種類のマンダラを両立させるのは、日本密教だけです。チベット密教にはありません。それどころか、チベットでは胎蔵系統のマンダラの作例はきわめて少なく、大部分が金剛界系統のマンダラで占められていて、両者をペアもしくはセットとみなす発想はまったく見当たらないのです。ここでは二つのマンダラと金剛界マンダラについては、次章以降でくわしく説明しますので、ここでは二つの異なるタイプのマンダラがあるということだけ、覚えておいてください。

以上の事実関係をわきまえて、客観的に考えると、空海以来、日本密教が金科玉条としてきた両部とか両界という発想は、本来ならば、成り立ちがたいものです。しかし、こと宗教の世界では、客観的には成り立ちがたいものを、あえて成り立たせることで、それまでまったく想像もできなかった展開が可能になる例がしばしば見られます。日本密教が両部とか両界という発想によって、チベット密教では不可能だった「世俗の社会との関係構築」や「自然の取り込み」に成功したことは確かです。

さらに、「無上ヨーガタントラ」の段階になると、条件付きではありますが、修行に性行為を導入することすら試みられます。この段階を代表する密教経典の『秘密集会《ひみっしゅえ》タントラ』の冒頭には、「ブッダは女性器のなかにおられた」という表現さえ見られます。「無上ヨーガタントラ」の聖典にもとづいて描かれたマンダラには、男女の仏がいだきあうすがたも見られます。それまで、セックスは戒律で厳しく禁じられてきましたから、驚くべき変化です。なお、この段階の密教は、少なくとも公式には日本に伝えられませんでした。しかし、由来は不明のままですが、真言宗の立川流《たちかわりゅう》や天台宗の玄旨帰命壇《げんしきみょうだん》のように、性行為を修行に導入するタイプの密教が、中世の日本で実践されていたことは事実です。

現世に肯定的

つぎに、密教の特徴の②「現世に肯定的」の話に移りましょう。修行への性行為の導入はあまりに衝撃的ですが、ブッダ以来、禁欲をむねとする仏教が、時代の経過とともに、少しずつ欲望を肯定する方向に向かっていったのは、疑いようのない事実です。

ブッダがつくりあげた教団の運営を見ると、かれは決して原理主義者ではなく、むしろリアリストでした。しかし、欲望をすべて滅しないかぎり、悟りは得られないという立場をとることにかんして、妥協の余地はありませんでした。原始仏典を読むと、ブッダは弟子たちに、ありとあらゆる絆《きずな》を断つように指導しています。つまり、社会との縁を切り、出家して、完璧《かんぺき》な禁欲生活をつらぬくことを、弟子たちにつよく求めているのです。

このあたりは、ユダヤ教・キリスト教・イスラム教が、個人の精神的な救いよりも、人間集団のための社会的な規範という性格を、より優先せざるをえなかったのとは、いちじるしく異なります。仏教では、個人の精神的な救いが圧倒的に優先され、社会との関係は、可能なかぎり、生じないほうが良かったのです。

とはいえ、絆を完全に断つことは不可能でした。なぜならば、修行に専念するため、労働にいっさい従事してはならなかったので、衣食住はもっぱら布施《ふせ》に頼るしかなかったからです。ブッダがいくら社会との関係を断てといっても、この布施という領域だけは、例外としてのこったのです。ブッダ自身も、悟りを開くために要した足かけ七年もの歳月にわたり、衣食住はもっぱら布施に頼っていました。ちなみに、彼が修行した場所は、豊かなバラモンたちが住む村で、環境はとてもよく、衣食住の心配は何もなかったようです。

その後、大乗仏教が興隆する紀元後一世紀ころになると、事情が変わっていきます。初期布教の範囲が広くなるにつれ、社会との関係が無視できなくなってくるのです。初期の大乗仏教経典を読むと、主人公が大金持ちの商人だったり、欲望の充足に情熱を傾ける人物だったりします。欲望そのものを頭から否定するのではなく、欲望にとらわれなければよい、欲望の虜《とりこ》にならなければよいという姿勢です。

最近の研究によると、インドの仏教僧たちは必ずしも清貧を求められていませんでした。それどころか、徳の高い僧侶ほど、高額の金品がよく布施されるので、徳の高い僧侶ほど、生活水準が高い傾向にあった事実が判明しています。

さらに、五世紀頃からヒンドゥー教の勢力が強くなり、七世紀に西からイスラム教が侵入してくると、仏教は社会との関係を、いやおうなくつよめる必要に迫られることになります。衣食住の供給源だった社会に、大きな変化がきざしてきたからです。おおむねの傾向としては、都市中心の社会が衰退し、インドは農村中心の社会に変化していきました。

仏教はどちらかといえば、都市に居住する商人や技術者など、当時としては知的な階層によってささえられていましたから、この変化は致命的でした。都市の衰退は、僧院の維持に欠かせない衣食住の供給源が乏しくなる事態に直結したからです。

その結果、僧侶たちは現世の圧力をひしひしと感じざるをえなくなったのです。最小限の人交わりで済む僧院のなかで、あるいは人里離れた閑静な場所で、ひたすら修行に明け暮れ、この世の森羅万象は実在していないのだから、現世は拒否すべき対象と見極めたところで、その見極めそのものがなんの意味ももたない時代が訪れたのです。

こうして仏教は、現世をある程度までは肯定的にとらえる方向へ、舵《かじ》を切りました。堅い表現をするなら、現世にたいする否定的な態度が緩和されたのです。具体的には、各種の儀礼への積極的な参加、人々が求める現世利益的な行為の容認などがあげられます。すなわち、密教の誕生です。

ブッダが全面的に否定したさまざまな欲望も、もはやみくもに否定することはなくなります。その証拠に、日本密教で『大日経』や『金剛頂経』の次くらいに重視されてきた『理趣経《りしゅきょう》』には「妙適清浄《びょうてきせいせい》」、すなわち性行為が生み出す快楽すらも、うまく利用しさえすれば、悟りへの原動力になりえると説かれています。というより、本音では、うまく利用すべきだ、うまく利用しなければならないと主張したかったようです。

マンダラに描かれているのが、もっぱら「生」の世界であり、マンダラのなかに「死」は存在しない理由も、このような動向と深くかかわっています。

五～六世紀から造形美術も大変化

このように、密教が姿をあらわしはじめた五～六世紀を境に、インドでは仏像制作の領域でも大きな変化が見られます。制作された仏像の数も種類も、以前に比べ、飛躍的に多くなっているのです。

典型例は観音《かんのん》菩薩（観世音《かんぜおん》菩薩・観自在《かんじざい》菩薩）です。とりわけ、多くの顔や腕をもち、「変化《へんげ》観音」と呼ばれるタイプが、つぎつぎに登場してきます。日本でもお馴染《なじ》みの十一面《じゅういちめん》観音・千手《せんじゅ》観音・不空羂索《ふくうけんじゃく》観音・如意輪《にょいりん》観音などです。ジャンルからすると、通常の一面二臂《いちめんにひ》の聖《しょう》観音を顕教系とすれば、変化観音はあきらかに密教系です。

これら変化観音の前身は、仏教とはライバル関係にあったとされがちなヒンドゥー教のシヴァ神もしくはヴィシュヌ神のようです。仏教、とりわけ密教とヒンドゥー教はすこぶる微妙で、単なるライバルの関係とは言い切れませんでした。少なくとも、変化観音の場合は、ライバルのお株を奪って対抗するためというよりは、逆にヒンドゥー教と融和をはかるために、わざわざライバルの特徴を借り、「仏教にもあなたがたとよく似た神々がいるのですから、仲良くしましょう」という感じで、造形された可能性が高いらしいのです（佐久間留理子『観音菩薩』春秋社）。なるほど、これなら喧嘩《けんか》しなくて済みます。

マンダラを構成するには、多種多様の尊格《そんかく》が欠かせません。そうとうな数も必要です。五～六世紀に産声を上げたばかりの密教は、いま述べたようないきさつをへて、あまたの尊格を、手当たり次第といっては言い過ぎかもしれませんが、それに近い感じで、ヒンドゥー教から取り込んでいったようです。その結果、七世紀には、マンダラを埋め尽くすのに必要な仏菩薩や神々を、確保できたとおもわれます。

これまで、仏教とヒンドゥー教は敵対ないし競合の関係ばかりが強調される傾向がありました。しかし、いまふれたとおり、両者のあいだには融和の関係もあったようです。もし、そうであれば、マンダラを融和の図像と認識することも、あながち無理とはいえません。

神秘主義

今度は密教の特徴③「神秘主義」です。「神秘」が、人智ではとうてい理解も想像もできないことがらを意味するとすれば、宗教にとって、神秘は不可欠の要素です。ブッダの悟りも、イエスが神もしくは神の子であることも、ムハンマドがアッラーという唯一絶対の神から言葉を預かったことも、すべて神秘です。

その神秘のあとに、「ものの考え方」を意味する「主義」という言葉を付けると、「神秘主義」という思想になります。この思想は、最高真理そのものにほかならない存在、すなわち一神教であれば神と呼ばれる存在、仏教であれば仏菩薩と呼ばれる存在と、ときには「空《くう》」と呼ばれるコンセプトと、自分自身が一体化したり、融合したりすることで、最高真理を体得できるとみなします。

「体得」というのは、自分の心身こそ、真理獲得の場であって、そのほかにはなんら媒介項をもたないという意味です。宗教上の専門用語では「直証《ちょくしょう》」ともいいます。文字どおり、自分の心身で、「直《じか》に証《あかし》」を得ることです。論理的な思考を駆使して、真理に至ろうとする「推論」の対極です。

仏教の開祖、ブッダは菩提樹下《ぼだいじゅげ》の瞑想によって、最高真理を得たと伝えられます。すなわち、悟ったのです。仏教の歴史を俯瞰《ふかん》すれば、根本体験とも呼ばれるブッダの悟り体験を、いかに追体験するか、という試みの積み重ねです。

また、ブッダは最高真理を言葉で表現することはできないと述べています。大乗仏教が生んだ最高の論師《ろんじ》（宗教哲学者）として知られる龍樹《りゅうじゅ》（ナーガールジュナ　二〜三世紀）は言葉が止滅しないかぎり、最高真理は得られないと語っています。このあたりの考え方が、キリスト教やイスラム教とはまったく異なることは、すでに1章で述べました。

もちろん、仏教でも複雑な概念操作や高度に発展した推論を駆使して、ブッダの悟りを解明しようとする試みは、かなり初期の段階からありました。仏教の重要な文献は三蔵《さんぞう》と呼ばれ、経蔵《きょうぞう》と律蔵《りつぞう》と論蔵《ろんぞう》から構成されますが、このうち論蔵は、ブッダの悟りを解明しようとする試みの集成にほかなりません。特に大乗仏教が興隆してからは、中観派《ちゅうがんは》や瑜伽《ゆが》唯識派《ゆいしきは》と呼ばれる学僧のグループが、ときには独特の論理学まで発明して、ブッダの悟りにいどみました。

ただし、大乗仏教の理論的な解明を試みた中観派や瑜伽唯識派も、ブッダの悟りを言葉で完璧に説明できないことは、自明の前提として、認めていました。かれらのいとなみは、悟りを「真円」とすれば、その真円に内接する多角形を描く作業にたとえられます。多角形の角の数をどんどん増やしていけば、多角形は真円に限りなく近づいていきます。つまり、近似値を得られます。でも、真円そのものにはけっしてなりません。それを承知のうえで、営々と作業をつづけていったのです。

密教も、思想の面では中観派や瑜伽唯識派の影響を強く受けていましたから、言葉による真理の探究を放棄してはいません。しかし、密教は、最後発の仏教だけに、言葉が普通の意味で、言葉として機能しているかぎり、真理を表現できないことを、密教以前の仏教にも増して、よく知っていました。そこで、言葉から普通の意味を追放して、もしくは言葉を解体して、真言や陀羅尼《だらに》と呼ばれる「聖なる呪文」あるいは「力ある言葉」というかたちで利用し、真理を把握する手段としたのです。

その「聖なる呪文」や「力ある言葉」とならんで、ときには「聖なる呪文」や「力ある言葉」よりも、最高真理に到達するうえで有効とされたのがマンダラです。同じ芸術でも、音楽や文学を享受するには時間がかかります。しかし、絵画のような視覚芸術は瞬間的に享受できます。マンダラも視覚の対象ですから、理屈抜きで、瞬時に把握できます。

この、瞬時に把握できるというマンダラの特質は、神秘を体験する際に、とても有効です。なぜなら、神秘体験は、体験している本人にはとても長く感じられようとも、物理的な時間としては、ほんの一瞬で成就するらしいからです。

神秘体験と瞑想の関係

神秘を体験するには、瞑想がもっとも有力な手段です。仏教では、開祖のブッダ以来、悟りという究極の神秘体験を得るためには、瞑想が絶対に欠かせないとみなされてきました。ですから、いろいろな瞑想法が開発されてきました。

仏教の瞑想法には、大きく分けて、以下の二種類があります。

①寂静の道
②増進の道

①は、性欲に代表される生命エネルギーを抑制して、ひたすらじっと坐《すわ》り、呼吸を整え、精神を集中していくという瞑想法です。仏教瞑想の基本中の基本で、いちばんよく実践されてきました。禅宗の坐禅《ざぜん》が典型例です。
②は、生命エネルギーを活性化し、さらにそのエネルギーを純化することで悟りに至ろうとする瞑想法です。そのために、ただ坐しているだけでなく、心身になんらか

の行為をともないます。開発された時期は①よりもずっと遅く、紀元後五世紀ころといわれます。紀元後五世紀ころといえば、密教の誕生と重なります。たしかに、密教の瞑想法には、②の要素がかなり含まれています。

①も②も、瞑想する者の前には、なにもありません。なにかあると、かえって邪魔になります。

①とも②とも言えない瞑想法もあります。浄土信仰が試みた瞑想法です。死後、永遠の理想郷への往生《おうじょう》をねがう浄土信仰では、極楽浄土の様相や阿弥陀如来の姿をイメージするという方法がつかわれました。この場合、瞑想の基礎となるのは聖典の描写が中心でした。目の前に、極楽浄土の図像や阿弥陀如来の彫像《ちょうぞう》を置き、瞑想の補助手段としてもちいることもありましたが、主流は聖典につづられた文字からのイメージ喚起でした。

これらの瞑想法に対し、密教の瞑想修行では、目の前にマンダラを設置する瞑想法が開発されました。くわしい内容は章をあらためて説明しますが、最終的には、マンダラのなかに自分が入ってしまう、もしくはマンダラが自分のなかに入ってくるという体験を得るのです。これが「マンダラ瞑想」です。

象徴（シンボル）を駆使

マンダラをもちいる瞑想法はもとより、密教の瞑想は、その前提として、仏菩薩や神々という瞑想の対象と、自分自身を、まず相似の状態にしなければなりません。相似にするのは身《しん》・口《く》・意《い》、つまり身体と言葉と心です。より正確には、身体の活動と言葉の活動と心の活動です。

密教の特徴④「象徴（シンボル）を駆使」は、この相似の状態を、いわば効率よくつくりだすためにほかなりません。

身体の活動と言葉の活動と心の活動という三つの活動は、密教の専門用語では、身《しん》密《みつ》・口《く》密《みつ》・意《い》密《みつ》といい、全部合わせて「三密《さんみつ》」といいます。そして、この三密を、以下の説明のように駆使する修行法は「三密加持《さんみつかじ》」と呼ばれます。

「加持《かじ》」とは、修行者が仏菩薩や神々と融合し一体化することです。仏菩薩や神々が修行者のなかに入り、修行者が仏菩薩や神々のなかに入ることになるので、やはり密教の専門用語では「入我我入《にゅうがにゅう》」とも呼ばれます。

具体的には、手に対象となる仏菩薩や神々がむすんでいる印契《いんげい》（手印《しゅいん》）をむすび、口に対象となる仏菩薩をたたえる真言をとなえ、心には対象となる仏菩薩のすがたかたちをありありとイメージします。今流に表現するなら、身体はパントマイム、言葉は呪文、心はイメージ操作、ということになるかもしれません。いずれにしても、すこぶる象徴的な行為です。

こうして、修行者は自分自身を仏菩薩や神々と相似の状態にしていきます。もっとわかりやすくいえば、仏菩薩や神々を徹底的に模倣する、真似するということです。この典型例は、『金剛頂経』が説く「五相成身観《ごそうじょうじんかん》」と呼ばれる瞑想法に見られます。この瞑想法は、五相というくらいですから、五段階が設定されているのですが、その段階ごとに、それぞれ異なる真言がとなえられます。その最後の真言は「仏身円満《ぶっしんえんまん》」と呼ばれ、「オーム　ヤターー　サルヴァタターガタス　タターハム（オーム　ありとあらゆる如来たちとまったく同じ状態に、わたしはある）」ととなえられます。この真言をとなえることで、修行者の身体と如来たちの身体とが、まったく同一の本質をもつことを悟るのです。

このプロセスの理論的な根拠となったのが、相似を究極までつきつめていけば、相似という次元を超えて、対象とまったく同じものになれるという発想です。もちろん、相似はどこまでいっても相似ですが、そこに「加持」という要素がくわわると、事態は一変するとみなされたのです。

さきほど、「加持」とは修行者が仏菩薩や神々と融合し一体化することだと述べました。じつは、「加持」には、さらに深い意味が込められているのです。「加持」とは、仏菩薩や神々が、修行者をみちびくために、慈悲の心から、不可思議な力を行使して、超自然的な現象を可能にすることでもあるのです。しかも、ひとたび仏菩薩や神々から、加持の力が、修行者に向けて発せられると、たちまちにして今度は修行者自身が加持の主体となって、みずからの三密を加持することになります。この双方向の力がむすびついたとき、相似が相似の次元を超えて、修行者は仏菩薩や神々と融合し一体化するのです。

わたしは科学の用語で宗教を説明するのは好きではないのですが、あくまで譬喩《ひゆ》として受けとめていただくという条件付きでいえば、「相転移《そうてんい》」によく似たことが起こるのです。「相転移」のいちばん身近な例をあげるなら、液体の水が固体の氷になり、気体の水蒸気になる現象です。

水の「相転移」で重要なのは、液体であろうと固体であろうと気体であろうと、水の「H_2O」という分子構造はまったく変わっていないという点です。「加持」でも同じことがいえます。修行者が仏菩薩や神々と融合し一体化するのは、修行者と仏菩薩や神々が同じ本質をもっているとみなされているからなのです。

このように、わたしたちのようにまだ悟っていない存在と、仏菩薩や神々のようにすでに高い次元に到達している存在が、同じ本質をもっているという前提こそ、密教の根底をささえるとても大切な認識にほかなりません。

儀礼を重視する理由

すでに繰り返し述べてきたとおり、マンダラは修行のために欠かせない装置もしくは道具、今流の言葉なら、アイテムです。この表現に偽りはありませんが、あまり抽象的すぎて、かえってわかりにくいかもしれません。そこで、マンダラが制作される目的、いいかえるとマンダラが必要とされるケースについて、もう少し具体的に説明します。

それは、おおむね二つあります。

①瞑想のため――個人的な行為
②儀式をいとなむため――集団的な儀礼の遂行

このうち、①のケースはすでに述べました。

密教の特徴⑤「儀礼を重視」が欠かせない理由は、②のケースとかかわっています。

じつは、マンダラは個人的な行為である瞑想修行だけにつかわれてきたわけではありません。おおぜいで儀礼をいとなむときにも、マンダラが必要とされたのです。

②は、さらに二つに分けられます。

A　弟子の入門儀礼

B　寺院や仏像が完成したときの儀礼

Aはいわゆるイニシエーション、つまり特定の集団に参加する際に必須《ひっす》とされる儀礼のことです。サンスクリットでは「アビシェーカ」と呼ばれ、「灌頂《かんじょう》」と漢訳されました。密教は、他のタイプの仏教に比べ、とくにすぐれた資質の持ち主でないと伝授されませんでした。したがって、入門にあたって、特別な儀礼が用意されたのです。

その内容は複雑ですが、「灌頂」というように、師の僧が弟子の頭頂部に聖水をそそぐことが基本です。聖水をそそがれた弟子は、それまでの生身の人間から仏に生まれ変わることになります。といっても、そう簡単に仏に生まれ変われるはずはないので、仏に生まれ変わったという自覚をもつことが、現実的な目的です。ちなみに、他のタイプの仏教が、悟りを得て仏になることを命題とするのに対し、密教では自分が仏になったと仮定し、仏としての自覚をもって、行動するという発想がひそんでいます。

Bは寺院の建築物が竣工《しゅんこう》をむかえたときや、仏像が完成して開眼《かいげん》供養をおこなうときにいとなまれ、サンスクリットでは「プラティシュター」と呼ばれます。なかなか良い訳語が見当たりませんが、あえて訳せば「完成式」でしょうか。

現代の日本では、①に比べると、②はあまり知られていません。同じ②でも、Aはいまでも真言宗など、密教系の宗派では必須の儀礼ですから、少しは知られているかもしれませんが、Bとなると、知っている人はほとんどいないでしょう。

しかし、マンダラの起源を考えるとき、②はとても重要な意味をもっています。ポイントは、AでもBでも、仏菩薩をお招きしなければ、儀礼が成り立たないことです。仏菩薩をお招きするためには聖なる場、宗教学の用語でいうなら「憑代《よりしろ》」が欠かせません。

この「憑代」こそ、マンダラの起源ではないか、という説があります（森雅秀『マンダラの密教儀礼』春秋社）。つまり、マンダラはまず仏菩薩や神々を招くための「憑代」として誕生し、そこに密教に独特の緻密《ちみつ》でシステマティックな要素を組み込んでいくことで、いまわたしたちが目にするようなマンダラが登場してきた可能性があるのです。

マンダラの歴史

残念ながら、生まれ故郷のインドでは、残されているマンダラの数が思いのほか少なく、日本やチベットに伝来するような、緻密で完成度の高い作例はほとんど見られないという事実は、1章で述べました。したがって、インドで制作されたマンダラについては、密教経典をはじめとする文献と、チベットや日本に伝来しているマンダラの事例から、推測するしかありません。

可能性として高いのは、円形もしくは正方形の基盤の上に、簡単な尊像あるいは尊像のシンボルを置くタイプで、折り畳んで、どこにでも持ち運びできたようです。ごく簡素な仏壇を思い浮かべていただければ、当たらずといえども遠からず、かもしれません。このような形態のマンダラは、遅くとも七世紀の初めころまでには出現していたと考えられています。

次の段階では、マンダラは地面の上に描かれ、儀礼や瞑想が終われば消去されたようです。現在でも、チベット密教では、砂絵マンダラといって、色砂をつかって何日もかけて、緻密きわまりないマンダラを描きます。それでいて、完成して儀礼や瞑想が終了するやいなや、惜しげもなく破壊してしまいます。わたしたちの感覚からすると、なんとももったいないのですが、チベットの密教僧にいわせれば、本来マンダラとはそういうものであって、永続すべきではないのです。そして、この行為は、大乗仏教の理念に照らすとき、この世にあるのは現象のみで、何一つとして実在はしていないという「空」の思想を象徴する行為でもあります。

七世紀になると、『大日経』や『金剛頂経』のような、本格的な密教経典がつぎつぎに編纂《へんさん》されました。それにともなって、いよいよ本格的なマンダラが登場してきます。マンダラの規模も緻密さも、かつてない次元に到達していきます。わたしたちがイメージする図像をともなうマンダラは、おおむねこの段階のものです。日本やチベットに現存するマンダラは、この段階に属するタイプが主流を占めています。儀礼もしくは瞑想修行のためのアイテムというマンダラの定義が、完全にあてはまるのも、この段階に到達して以降のマンダラです。

これら本格的なマンダラの特徴は、少なくとも原理的には、もはや地面の上には描かれないという点です。修行者自身の心のなかに、聖典に書かれた「儀軌《ぎき》」と呼ばれる厳密な規則にしたがって、マンダラを構築していくのです。これが先にも述べた「マンダラ瞑想」です。

そして、こうして構築されたマンダラの完成態を、紙の上なり壁の上なりに、絵の具を使って表現したのが、いまわたしたちが目にするマンダラなのです。つまり、マンダラは、初期の段階では地面の上に実際に描かれ、次の段階では修行者の心の中に描かれ、さらにその次の段階になって紙の上や壁の上に、いわば固定化されたのです。

このように、マンダラは平面図として描かれる場合がほとんどでしたが、立体化されることもありました。今流にいえば、3D化したようなものです。

ネパールには、立体化された巨大なマンダラが現存します。大きなものになると、直径が二〇メートル以上もあるようです。また、チベットには、金属製の、きわめて緻密な工作の立体マンダラが現存します。この場合は、最大のマンダラで、直径が三・五メートルくらいあります。ほとんど真鍮《しんちゅう》製《せい》で、金銀で装飾され、ルビーやトルコ石のような高価な宝石がたくさんちりばめられているものすら見られます。ネパールやチベットの立体マンダラがつくられた時期は、平面のマンダラよりもかなり遅く、せいぜい二〇〇〜三〇〇年前くらいのようです。

古さという点では、日本の東寺《とうじ》講堂に現存する立体マンダラのほうが、ずっと先輩です。九世紀の前半に、空海の指導のもとで制作されているからです。

そのほか、チベットに八世紀の後半に建設されたサムイェー寺や、インドネシアのジャワ島に八世紀の終わりから九世紀の初めにかけて建設されたボロブドゥール遺跡は、遺跡全体や僧院の境内全体が、桁《けた》違いに大きな立体マンダラのかたちをしています。サムイェー寺の円形をなす外壁の直径は約三〇〇メートル、ボロブドゥール最下

チベットのポタラ宮にある立体マンダラ

チベットのサムイェー寺。寺院全体が立体マンダラとなっている

層の基壇は一辺が約一一五メートルもあります。

今章では、マンダラを生み出した密教の歴史について、これだけは知っておいてほしいことを述べました。次章では、マンダラがわたしたちに伝えようとしている世界観や自然観を、日本のマンダラを中心に解き明かしていきます。

3章　自然との一体化——胎蔵マンダラの世界

世界のかたち

世界（あるいは宇宙）がどんなかたちをしているのか。この問いは、少なくとも古代においては、かなり高度な文化を発達させた地域でしか、発せられなかったようです。現に、日本の『古事記』や『日本書紀』の神話には、この種の問いは出てきません。そもそも、『古事記』には、天地がいかに創造されたか、書かれていません。『日本書紀』には、天地と陰陽が未《いま》だ分かれない渾沌《こんとん》から、天地ができたと書かれていますが、世界のかたちにはふれていません。「葦《あし》の芽のようなものが泥の中から」出てきて、それが神になったという記述はあるものの、それ以上のことは書かれていないのです。

また、『旧約聖書』の「創世記」には、世界とか宇宙にあたる言葉は登場しません。神が創造したのは「天と地」です。「創世記」が書かれたころは、まだ世界とか宇宙という概念がなかったからのようです。構造的には、天空の上と下に水があり、その中間に、水に囲まれた巨大な球形の空洞部があります。その空洞部の真ん中あたりに、大地と海が水平方向に広がり、さらにその下に冥界《めいかい》があります。太陽をはじめとする天体は、巨大な球形の空洞部の上半分の壁に沿って、運行している、と考えていたようです。

古代ギリシアでは、アリストテレスたちが、わたしたちの今いる地を中心にして、そのまわりを多層構造の天球がとりかこんでいると主張しています。古代ローマのプトレマイオスは、地球が宇宙の中心にあり、太陽やその他の惑星が地球の周りを回るという天動説を主張しましたが、この説はプトレマイオスのオリジナルというより、それまでの学説の集大成とみなしたほうが良いようです。イスラム教も似ていて、地球を中心に、九の天球が同心円的な構造をしていると想定していました。

古代中国ではいろいろな説があったようです。中国の神話に語られる巨人盤古《ばんこ》説によると、天と地は最初、卵の内部のように、未分化の状態だったとされます。そこから盤古という巨人が生まれ、盤古が巨大化するにつれて、天を押し上げたので、天と地が分かれたそうです。そして、盤古が死んで、その死体から万物が生まれたと述べられています。

では、古代インドではどうだったのでしょうか。世界は卵形をしていると考えられていたようです。万物を生み出す根源が卵形をしているというのは、巨人盤古説と共通していて、とてもわかりやすい発想です。

この伝説は仏教にも引き継がれました。その証拠は、ブッダの遺骨（舎利《しゃり》）をおさめる仏塔が、卵形を基本にしてきた事実にもとめられます。

たしかに、サーンチーの仏塔のように、初期の仏塔はお椀《わん》を伏せたようなかたちをしていて、超巨大な卵を連想させます。ちょうど、ドーム球場みたいな感じです。いまでも、チベットやネパールでは、基本形が卵形をしている仏塔がたくさんあります。

ところが、仏塔は日本に来ると、上に向かってひょろっと伸びたような、細長いかたちに変化しました。そのせいか、多重の屋根ばかりが目について、卵形の造形はどこにもないように見えます。しかし、塔のいちばん上にのる相輪《そうりん》の基部に眼をこらすと、そこには、伏鉢《ふくばち》といって、サーンチーの仏塔と同じ、お椀を伏せたようなかたちの部分が必ずあります。

このように、仏塔が卵形でなければならない理由は、どこにあるのでしょうか。その答えは、ブッダの遺骨をおさめる仏塔は、いまだ生きているブッダの全身そのものであり、仏教徒にとって、ブッダの全身は、世界あるいは宇宙そのものと信じられていたからにほかなりません。

マンダラのなかに卵形の図形は見当たりません。しかし、マンダラが、基本的に円形であり、しかも閉鎖形、すなわち閉じられた世界もしくは空間である点を考えると、

サーンチーの仏塔

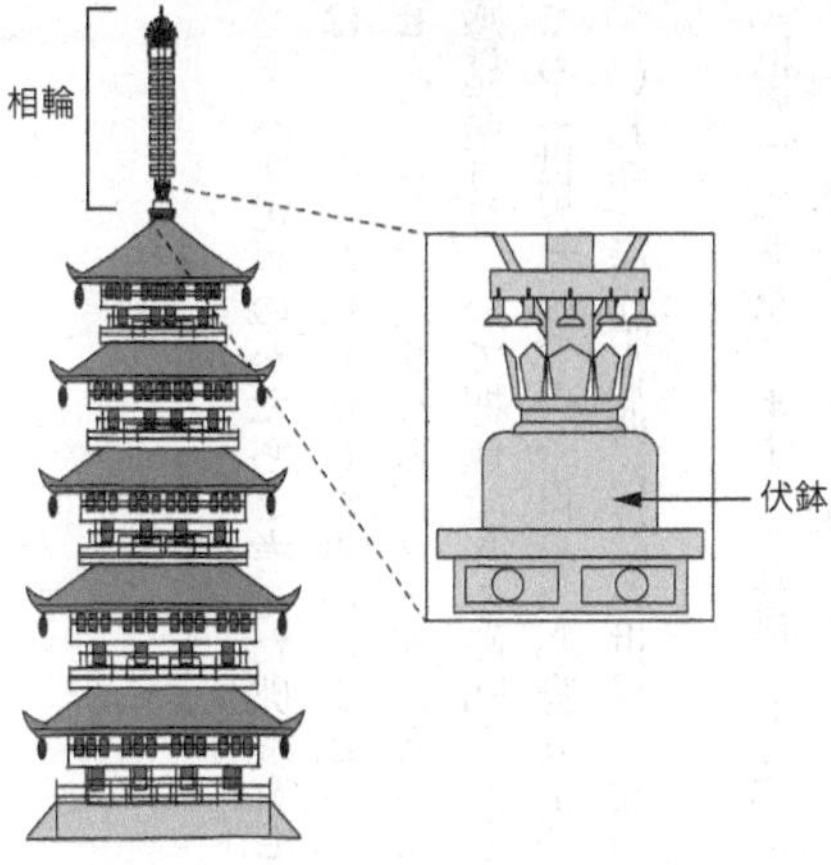

日本の仏塔の「伏鉢」

マンダラそのものが本来は球形ないし半球形であり、図画されたマンダラは、その球形や半球形を上から見下ろした、いわば平面図とみなすことは、十分に可能です。とすれば、マンダラそのものが、卵形をしているともいえます。

ブッダは「世界」に無関心

ブッダの遺骨をおさめた仏塔が、古代インド人が世界のかたちと考えた卵形をしている事実とは裏腹なのですが、ブッダ自身は、そのなかにわたしたちがいるという意味での「世界」に、まったく関心をもちませんでした。なぜなら、ブッダにとっての「世界」は、「周辺世界」といって、自分の感覚器官によって把握できる範囲にかぎられていたからです。つまり、ブッダにとっての「世界」は、自分自身の心身および直近の範囲内だけだったのです。その証拠に、いわゆる原始仏典には、「世界」をあらわす言葉はほとんど出てきません。

あえてさがせば、「五蘊《ごうん》」という言葉が「世界」にあたります。「五蘊」とは、「世界」を構成する五つの要素です。色《しき》（物質）・受《じゅ》（感覚的な印象）・想《そう》（生まれたばかりの認識）・行《ぎょう》（先天的な精神傾向）・識《しき》（認識）というぐあいに、物質の領域が一つ、精神の領域が四つあります。

ただし、「蘊」が「集まり」を意味することに、注意しなければなりません。つまり、「五蘊」とは、五つの、それも永遠不滅でもなければ常住しているわけでもない要素が、一時的に集まって、なんらかのかたちをなしているにすぎないのです。ですから、短期間で雲散霧消してしまうとみなされていました。となれば、常住不変の「世界」など、あるはずがありません。

ようするに、ブッダによれば、わたしたちがイメージしているような意味の「世界」は実在していません。もちろん、「世界」を創造するような神も実在していません。

また、ブッダの教えでは、ひとりひとりが、それぞれ「世界」をもっている、というところで話が終わってしまいます。その先の、それぞれの「世界」と「世界」が、どのような関係にあるか、という点は、問題にされていません。みんなが同じ「世界」を共有しているかどうかなど、問題外です。

このあたりは、ユダヤ教・キリスト教・イスラム教が、「世界」に先だって神が実在し、その神が創造した「世界」は厳然として実在するとみなすのとは、まるでちがいます。

とにかく、ブッダの場合は、個に徹して、社会との絆《きずな》をいっさい断たなければ、悟

り は求められないという、出家主義の立場を選んだために、「世界」の共有など、論外でした。なにしろ、ブッダの遺言は「犀《さい》の角のごとく、ひとり歩め！」だったのですから。

「世界」とは、わたしたち個々の感覚器官によって把握された要素の集合体にすぎないという考え方は、ブッダの入滅《にゅうめつ》後に登場したさまざまな学派によっても、受け継がれました。もちろん、大乗仏教によっても、密教によっても、受け継がれました。

いいかえれば、仏教にとっての「世界」は、客観的に「有る」とはいえないのです。わたしたちという観察者がいて、初めて「世界」は「有る」といえるのです。この点は、現代の自然科学が、わたしたちがいようがいまいが、見ていようが見ていまいが、「世界」は厳然として「有る」という前提に立っているのとは、まったくちがいます。

『倶舎論』の世界観

とはいいながら、やがて仏教も、「世界」について、考えざるを得なくなっていきます。ブッダ自身は、そういう抽象的な課題に時間をついやすな、そんな暇があったら、瞑想《めいそう》修行にはげめ、と弟子たちを指導していました。

しかし、事態は、ブッダの思惑どおりにはいきませんでした。なぜなら、インドの宗教界では、いかなる批判にも耐えられる教義を、できるだけ速やかに確立して、他の宗教とかわされる論争を勝ち抜かないかぎり、生き残れなかったからです。早い話が、仏教といえども、売られた喧嘩《けんか》は買わざるを得なかったのです。原始仏典を読むと、ブッダは繰り返し、「論争するな！」と弟子たちに語っていますが、そうもいかなくなっていきます。

それだけではありません。もともと仏教の内部でも、ブッダの教えをどう解釈するかをめぐって、見解が分かれ始めていました。ブッダが入滅してから三〇〇年もすると、一八とも二〇ともいわれる部派に分裂し、激しい論争を展開しました。その過程で、他の部派との違いを際立たせるためもあって、「世界」について、否応《いやおう》なく、考察が進んでいったのです。

仏教が考えた「世界」の典型例は、説一切有部《せついっさいうぶ》と呼ばれる部派の『倶舎論《くしゃろん》（アビダルマ・コーシャ）』という書物に見られます。これは、五世紀ころに、世親《せしん》（ヴァスバンドゥ）という大学僧により、初期型仏教の総決算として、書かれました。

原題の「アビダルマ・コーシャ」は「（あらゆる）存在に関する学」を意味しています。その名のとおり、当時の仏教者たちが認識の対象とした領域すべてを、みごとに網羅しています。壮大な宇宙論はもとより、地獄から天上界まで、生前から死後まで、まさに森羅万象ことごとくが考察の対象となっているのです。

仏教史上、これほど体系的かつ緻密《ちみつ》に「世界」を論じた書物はありません。そのため、初期型仏教の総決算として書かれたにもかかわらず、大乗仏教でも尊重されつづけてきました。日本仏教でも昔から「唯識三年、倶舎八年（瑜伽《ゆが》唯識を学ぶには三年かかり、倶舎論を学ぶには八年かかる／倶舎論を八年かけて学べば、瑜伽唯識は三年で理解できる）」とうたわれてきました。

『倶舎論』に説かれる「世界」は、言葉で説明するよりも、図を見ていただいたほうがずっとわかりやすいかもしれません。

『倶舎論』に説かれる「世界」は、唯一ではないのです。これでお終《しま》いではありません。図に示した須弥山《しゅみせん》を中心とする「世界」は、唯一ではないのです。この「世界」が一〇〇〇集まったものを小千世界《しょうせんせかい》といい、小千世界が一〇〇〇集まったものを中千世界《ちゅうせんせかい》といい、中千世界が一〇〇〇集まったものを大千世界《だいせんせかい》といいます。そして、これらをすべてまとめたものが、「三千大千世界《さんぜんだいせんせかい》」にほかなりません。

なお、「三千大千世界」の「三千」は、三〇〇〇ではなく、一〇〇〇の三乗を意味するので、「三千大千世界」は総計で一〇億の「世界」になります。とてつもない数の「世界」が想定されているのです。

倶舎論の世界観

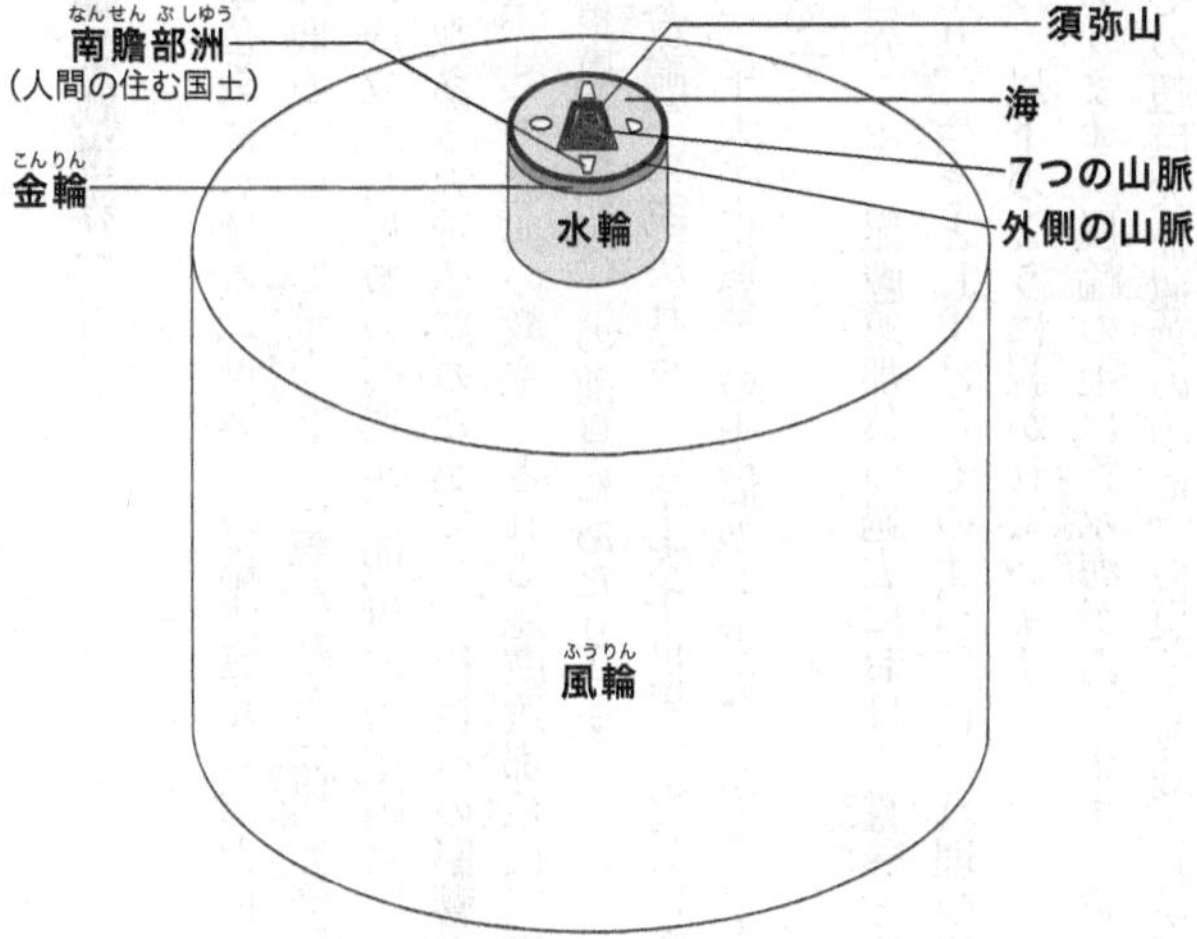

『華厳経』の「蓮華蔵世界」

『倶舎論』が初期型仏教における「世界」の総決算なら、大乗仏教の「世界」を代表する一例が、大乗経典の一つ、『華厳経《けごんきょう》』に説かれる「蓮華蔵世界《れんげぞうせかい》」です。『華厳経』は、インドで別々に成立した複数の経典が、四世紀の中頃に、一つにまとめられたと推測されています。数ある大乗仏典のなかでも、後世への影響力という点では屈指の存在です。たとえば、この経典の教主とされる毘盧遮那仏《びるしゃなぶつ》は、密教の教主とされる大日如来（摩訶《まか》〈大〉毘盧遮那如来）の前身にあたります。

『華厳経』は、『倶舎論』に説かれる「三千大千世界」を受け継ぎつつ、さらにスケールアップして、「三千大千世界」の十倍の「世界」があると主張します。これが「十三千大千世界《じゅうさんぜんだいせんせかい》」です。

肝心の「蓮華蔵世界」は、毘盧遮那仏の過去における誓願《せいがん》と修行によって、完璧《かんぺき》に浄化された領域であり、生きとし生けるものすべてに、真理の法が説かれる場でもあります。その構造は、以下のように説かれています。

最低部に風輪《ふうりん》があります。風輪の上に香水海《こうずいかい》があります。香水海の中に、超巨大な蓮華があります。その超巨大な蓮華の中に、世界が含蔵されています。だから、「蓮

蓮華蔵世界

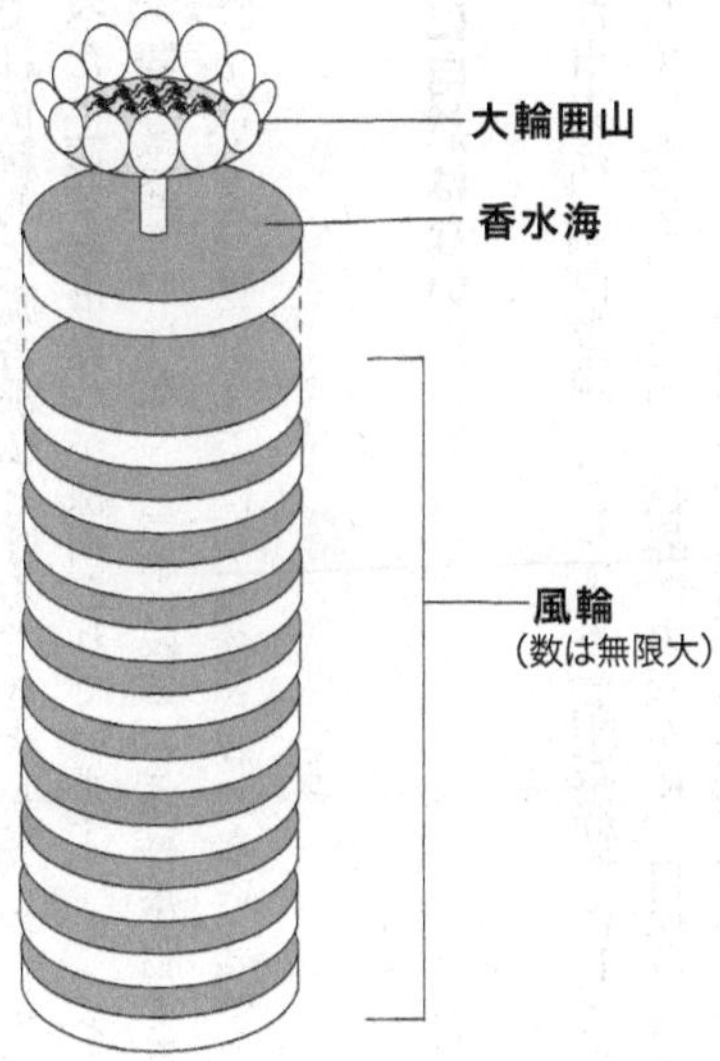
大輪囲山
香水海
風輪
（数は無限大）

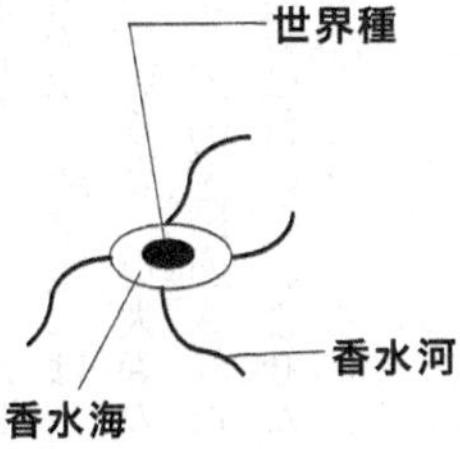
世界種
香水河
香水海

華蔵世界」とよばれるのです。

「蓮華蔵世界」は、微塵《みじん》の数の世界が二十重《はたえ》に重なり合って、中央世界種《ちゅうおうせかいしゅ》を構成しています。中央世界種を中心として、そのまわりを百十一の世界種が、あたかも網のごとくとりまいて、世界網《せかいもう》を構成しています。世界網はありとあらゆる宝物によって装飾され、その中に仏が出現し、生きとし生けるものもまた、その中に充満しています。

ご存じのとおり、東大寺《とうだいじ》の大仏は『華厳経』の教主である毘盧遮那仏です。ただし、東大寺では伝統的に盧舎那仏と呼んできました。そして、この仏が坐《ざ》す蓮華座には、いま述べた「蓮華蔵世界」が線刻されています。もっとも、厳密にいうと、東大寺の大仏は、『華厳経』ではなく、『華厳経』を換骨奪胎するかたちで中国で撰述《せんじゅつ》された『梵網経《ぼんもうきょう》』という偽経にもとづいて制作されたという説もあり、決着は付いていません。

浄土に自然はない

重要な事実は、『倶舎論』にしても『華厳経』にしても、これほど壮大な「世界」を想定していながら、その「世界」のなかに、自然は含まれていないことです。

そもそも、インド仏教では、この世の全存在を、「心の働きや感情をもつもの」を意味する「有情《うじょう》（サットヴァ）」と、「心の働きや感情をもたないもの」を意味する「非情《ひじょう》（アサットヴァ）」に、はっきり分けていました。「有情」は動物、とりわけ人間をさしています。「非情」は山や川や土や石であり、植物も含まれています。ですから、自然は「非情」にほかなりません。

そして、輪廻転生《りんねてんしょう》も悟りも、もっぱら「有情」に限られていました。理由はこうです。輪廻転生の原因は悪しき行為です。悪しき行為の原因は悪しき心の働きや感情です。したがって、「非情」のように、心の働きや感情をもたないものは、輪廻転生しないのです。また、心の働きや感情をもたないものは、教化《きょうけ》のしようもなく、悟りなどまったく縁がないとみなされていたからです。

こうした自然に対する無関心、あるいは排除は、死後の世界でも見られます。仏教における死後世界の理想像といえば、極楽浄土がいちばん有名です。その極楽浄土の様相をくわしく語る大乗経典の一つ、『観無量寿経《かんむりょうじゅきょう》』を読むと、極楽浄土とはまさに極めつきの人工環境なのです。そこには、自然はまったくありません。地面はどこまでも真っ平らで、しかもラピスラズリや水晶のような宝石でできています。樹木はあるにはあるのですが、どれも「宝樹《ほうじゅ》」といって、宝石でつくられています。花々もみな宝石でつくられています。

ちなみに、「浄土」という言葉は、インドにはありませんでした。サンスクリットで書かれた仏典が、中国で漢訳されたときに、新たに造語された言葉です。もともとインドでは「仏国土《ぶっこくど》」と表現されていました。

大乗仏教では、三千大千世界というくらいですから、ほとんど無限の数の「仏国土」が想定されています。しかし、どの「仏国土」にも、自然はありません。ことごとく人工環境なのです。

『大日経』

2章で述べたとおり、インドでは七世紀になると、『大日経』や『金剛頂経』のような、本格的な密教経典がつぎつぎに編纂《へんさん》され、それにともなって、いよいよ本格的なマンダラが登場してきます。

本格的なマンダラの第一号は、『大日経』という密教経典にもとづいて描かれました。それが胎蔵《たいぞう》マンダラです。『金剛頂経』は『大日経』よりも半世紀ほど遅れて成立したので、『金剛頂経』にもとづく金剛界マンダラの登場も、胎蔵マンダラよりも半世紀ほど遅れます。

『大日経』は、正しくは『大毘盧遮那成仏神変加持経《だいびるしゃなじょうぶつじんぺんかじきょう》』といい、全部で七巻三六品方で成立したという説が有力です。遅くとも七世紀の中頃までに、東インドのオリッサ地方で成立したという説が有力です。

思想として最も重要なのは、経典の第一章にあたる「入真言門住心品《にゅうしんごんもんじゅうしんぼん》」です。密教界では、略して「住心品」とよばれる場合が多いようです。

「入真言門」は「真言の部門に入る」、「住心」は「心のありよう」、「品」は「章」を意味していますから、全体では「真言の部門に入るためのさまざまな心のありようを論じる章」くらいの意味になります。

このタイトルがしめすとおり、「住心品」では六〇種類の心が論じられています。これらの心はみな人間がいだきがちな「妄心《もうしん》」、つまり仏教的な価値観からすれば「良くない心」です。しかし、同時に、「良くない心」を離れて、菩提心《ぼだいしん》（悟りを求める心）はあり得ないとも説かれています。

また、ここに説かれている「菩提心を因とし、大悲《だいひ》を根《こん》とし、方便を究竟《くきょう》となす（悟りを求める心を行動の原因とし、大いなる慈悲を根本とし、実践に最高の価値をおく）」は、日本の真言密教では「三句《さんぐ》の法門」と称され、空海が社会的な活動を実践した根拠となったことで、有名です。

『大日経』が説く世界観を「胎蔵」といいます。「胎蔵」とは女性の「胎（子宮）」を意味します。その意図は、子宮がやがて生まれ出《い》でて人となる胎児を宿し、しかも成長させるように、大日如来によって、ありとあらゆる事物が含「蔵」され、育成されることにあります。いいかえれば、大日如来こそ、ありとあらゆる事物の子宮ということなのです。

ですから、わたしたちがいま生きているこの世が、いかに多種多様なものに満たされていようとも、その根源をたどっていけば、ことごとく大日如来にいきつくことになります。つまり、みな大日如来の子どもなのです。

この教えは、わたしたちに、少なくとも二つの確信をあたえてくれます。一つは、この世に無駄なものなど、なにひとつとしてないという確信です。もう一つは、どんなに外見や生きざまが異なっていようとも、みな平等の価値をもっているという確信です。

この二つの確信を合わせると、わたしも無駄な存在であるはずがない、価値ある存在だという、これ以上はないくらいの安心感が得られるのです。もしくは、ひじょうに強い自己肯定の感覚が得られるといってもかまいません。

胎蔵マンダラ

以上の真理を図像として表現したのが、胎蔵マンダラです。より正確には、大悲胎《だいひたい》蔵生《ぞうしょう》マンダラといいます。大悲胎蔵生とは、大日如来の大いなる慈悲が、女性の子宮のように、わたしたちの菩提心（悟りを求める心）を宿し、育《はぐく》み、生みだし、さらに成長させ、ついには悟りへと導くという意味です。

胎蔵マンダラは、『大日経』の第二章にあたる「入漫荼羅具縁真言品《にゅうまんだらぐえんしんごんぼん》（マンダラを建立して入るにあたり、必要な条件と真言をあきらかにする章）」の記述にもとづいて、描かれます。しかし、胎蔵マンダラの描き方には、歴史的な変遷が見られます。系統も一つとは限りません。ここでは現行の日本の胎蔵マンダラ、すなわち「現図曼荼《げんず》羅」と専門家たちがよぶタイプのマンダラを対象にして、その構造と思想を考えてみましょう。「現図曼荼羅」を構想した人物は、唐に留学した空海が、師と仰いだ恵果《けいか》だったようです。そして、恵果の後継者となった空海に授けられたと考えられています。

「現図曼荼羅」は、「入漫荼羅具縁真言品」だけではなく、第一三章にあたる「入秘密漫荼羅位品（秘密マンダラの位階に入る章）」の記述も加味されています。たとえば、「入漫荼羅具縁真言品」では中心に描かれるのは大日如来だけなのに対し、「入秘密漫荼羅位品」では大日如来の四方に四人の如来が配置されます。また、描かれる尊格の数も、ずっと多くなっています。「入漫荼羅具縁真言品」の記述に忠実なチベットの

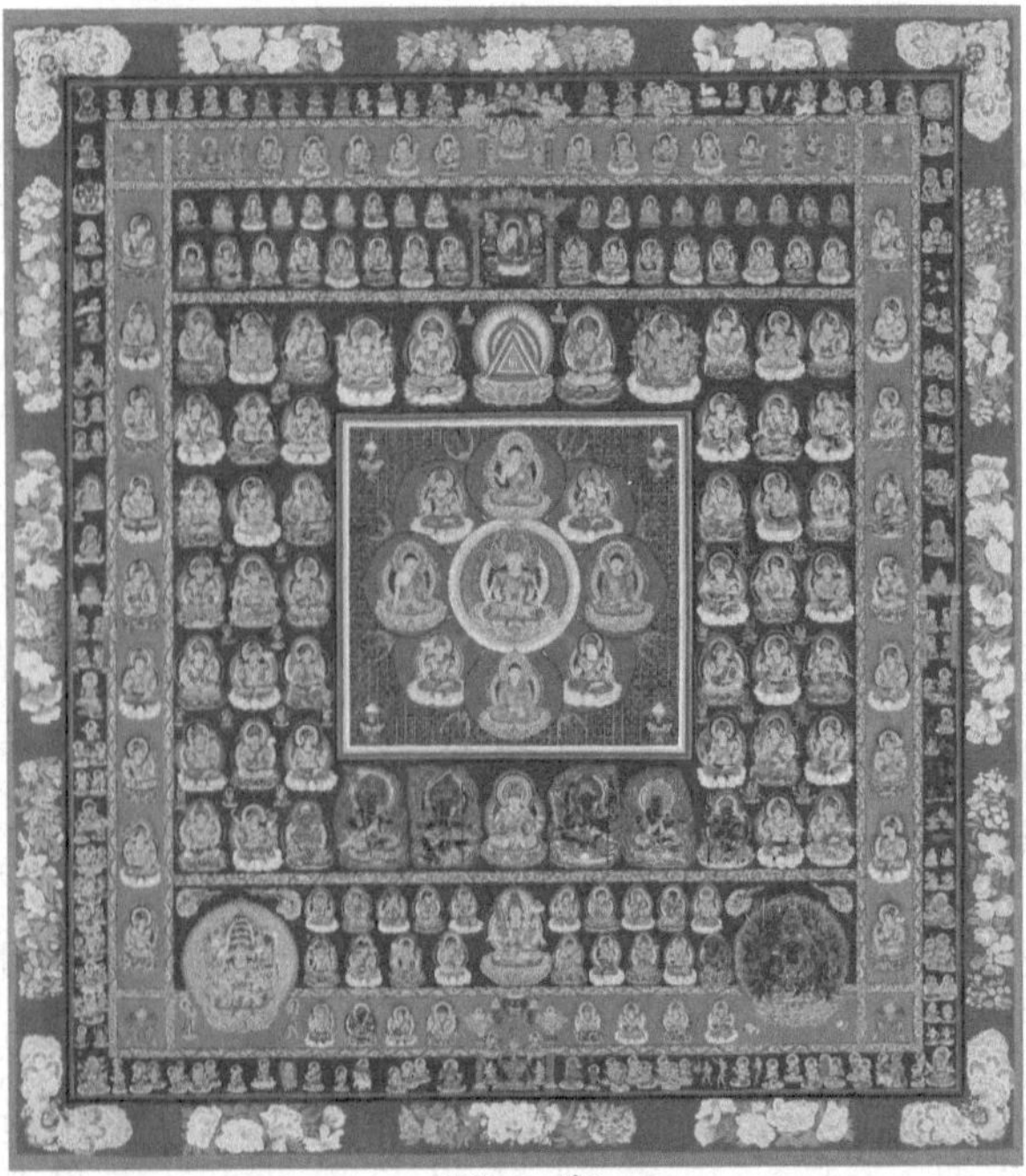

胎蔵マンダラ

『西新井大師大曼荼羅』(画／中村幸真・中村涼應、写真提供／西新井大師)

胎蔵マンダラ（一〇八頁）が一二二前後なのに対し、「現図曼荼羅」は四〇〇〇前後にも達します。

マンダラでは、方位が重視されます。話が先走って恐縮ですが、胎蔵マンダラと、次章でとりあげる金剛界マンダラとでは、方位が逆転しています。胎蔵マンダラでは、上が東、下が西です。上を東にした理由は、インド人は太陽の昇ってくる東を尊ぶので、修行者が本尊を礼拝するにあたり、かれから見て東に配置したためではないか、と推測されています。

全体の構造は方形をしていて、縦が四重、横が三重です。そして、十二大院といって、おおむね十二の部分から構成されています。

よくよく見ると、胎蔵マンダラの仏菩薩や神々たちはみな、蓮華の上に描かれています。その理由は、蓮華が女性を象徴するからという説もあります。この女性をイメージさせる点も、胎蔵マンダラに受容的な印象や柔らかな印象をあたえていて、わたしたちの心をなごませてくれます。

胎蔵マンダラの教理

この胎蔵マンダラは、いったい何を意味しているのでしょうか。以下に、日本の密教界において、展開されてきた伝統的な解釈をあげておきます。

まず第一に、このマンダラを構成しているすべてが、つまるところ大日如来にほかならないという真理を意味しています。大日如来そのものとして描かれているのは、マンダラの中心部を占める中台八葉院《ちゅうたいはちょういん》の、そのまた中心に坐す如来像だけですが、じつはそのほかの仏菩薩も神々もその他の存在もことごとく、大日如来がそれぞれの次元に応じて姿を変えてあらわれたものだというのです。

もとより、マンダラを構成している個々の仏菩薩や神々には、ランクの違いがあります。もっとも高いのが、中台八葉院の中心に坐す大日如来。もっとも低いのが外金《げこん》剛部院《ごうぶいん》のヒンドゥー教出身の神々です。

ところが、胎蔵マンダラに描かれている以上は、この最下等の存在であるヒンドゥー教出身の神々も、大日如来のあらわれにほかならないことになります。この世の森羅万象はすべて大日如来のあらわれであり、なに一つとして、無意味なものはないという、密教に特有の真理を、こういう極端なかたちで表出しているともいえます。

胎蔵マンダラは、大日如来の慈悲が、全宇宙のいたるところに、さまざまなかたちで働いている、という真理をも明らかにしています。中心の大日如来は、真理そのものを身体とする仏である法身《ほっしん》みずからが活動する領域です。中台八葉院で大日如来を東西南北からとりかこんでいる四人の仏は、法身が救済のために救済者にとって受用しやすいような身体（＝受用身《じゅゆうしん》）で活動している領域です。初重《しょじゅう》の残りと二重と三重は、法身が状況に対応して、いろいろな姿に変身してこの世にあらわれ（＝変化身《へんげしん》）、活動している領域です。四重は、法身が相手のレヴェルに合わせ、彼ないし彼女がもっとも受けいれやすい姿に変身してあらわれ（＝等流身《とうるしん》）、活動している領域です。

マンダラのなかへ自然が導入された！

これほど多種多様の要素でいっぱいの胎蔵マンダラですが、『大日経』の記述に忠実なチベットのマンダラを見ると、自然にまつわる要素はどこにも見出せません。この点は、さきほどふれたように、『大日経』にとって最重要の章が「住心品」であり、「心あるもの」しか相手にされていないことを思えば、当然すぎるほど当然です。

ところが、中国で恵果によって生み出され、空海によって日本に伝えられた「現図

チベットの胎蔵マンダラ構造図

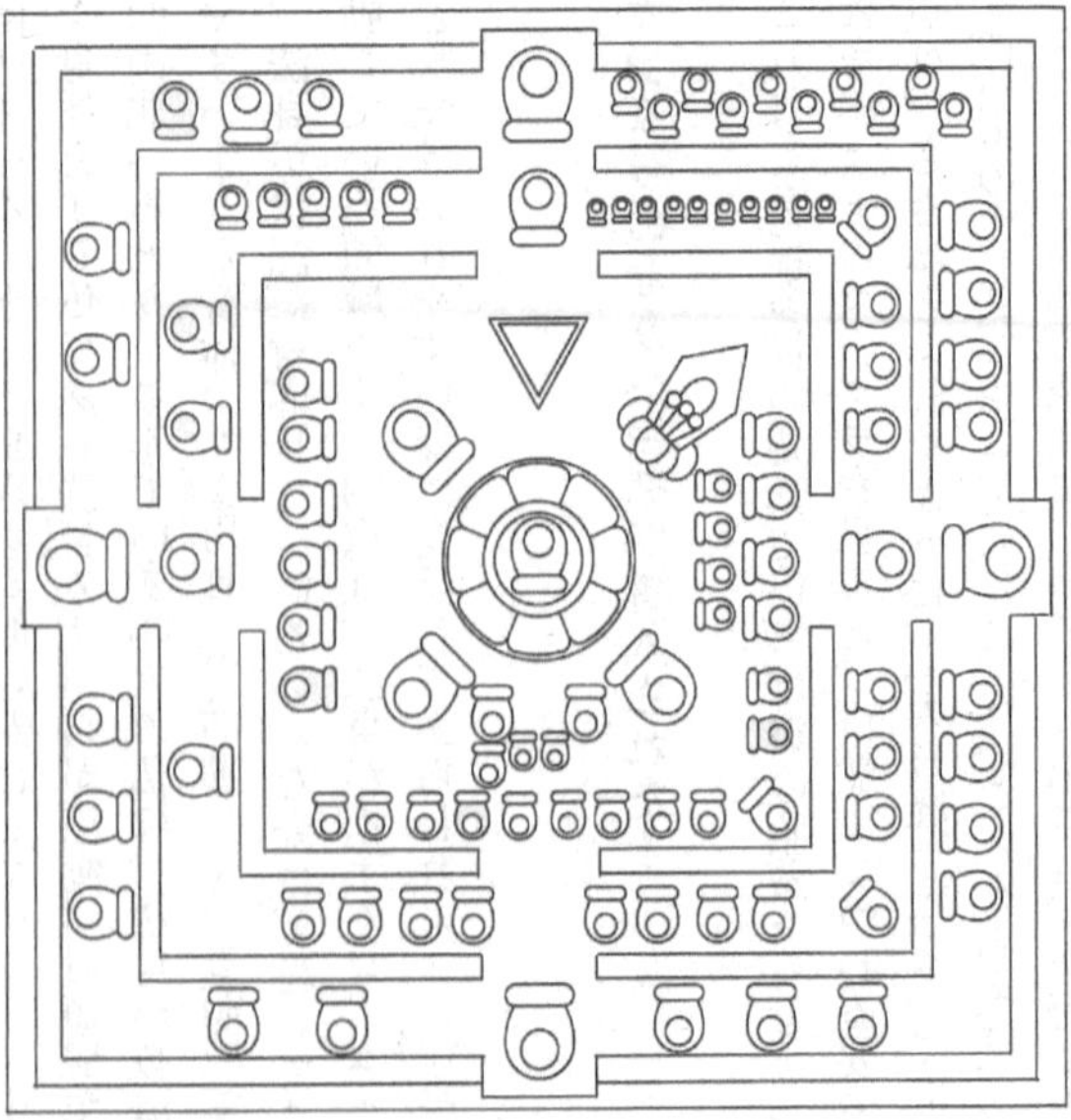

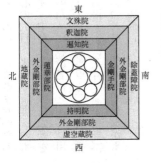

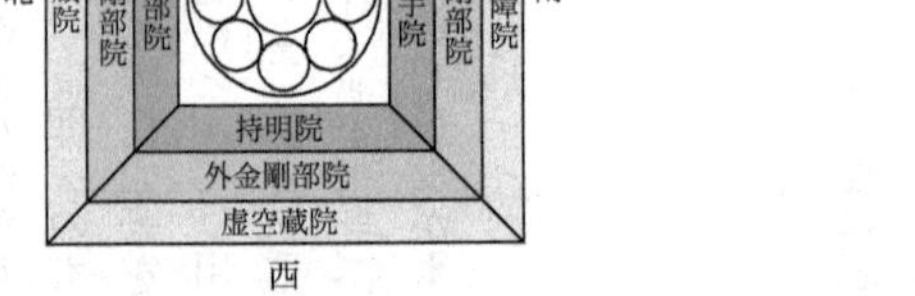

日本の胎蔵マンダラ構造図

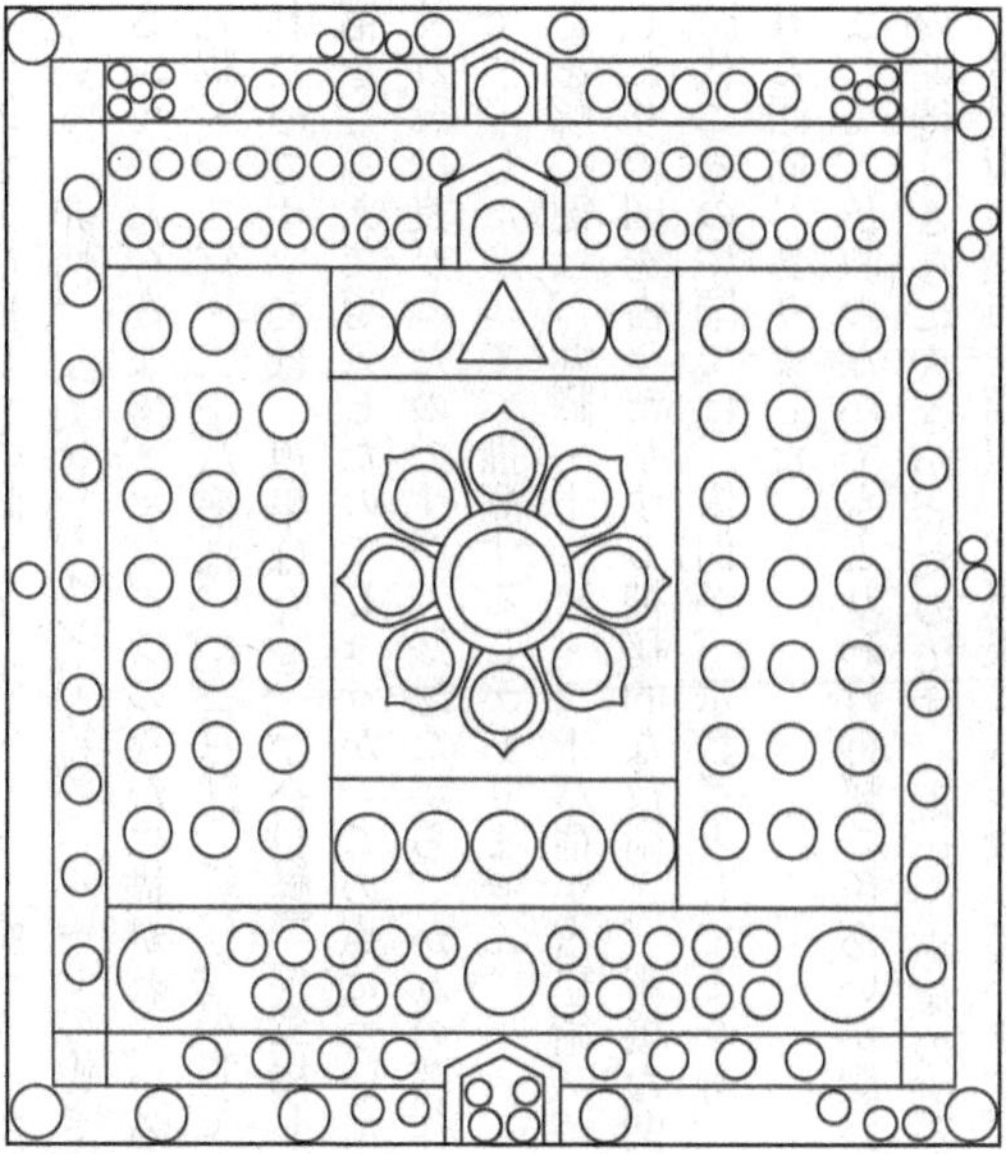

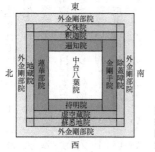

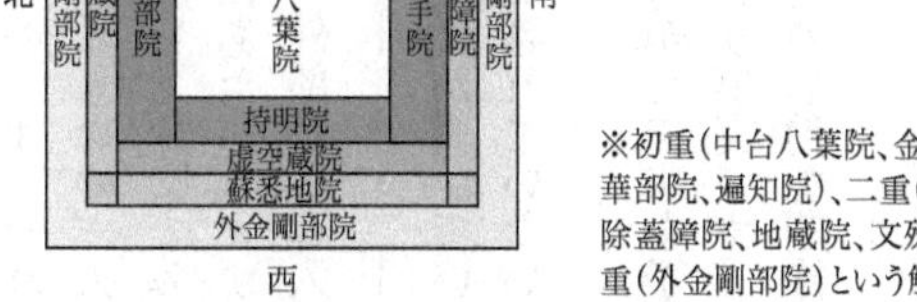

※初重(中台八葉院、金剛手院、持明院、蓮華部院、遍知院)、二重(釈迦院、虚空蔵院、除蓋障院、地蔵院、文殊院、蘇悉地院)、三重(外金剛部院)という解釈もある。

曼荼羅」には、自然にまつわる要素が、外金剛部院に描き込まれているのです。それは、天体を神格化した九曜《くよう》・十二宮《じゅうにきゅう》・二十八宿《にじゅうはっしゅく》です。神格化されてはいるものの、天体という「非情」、すなわちインド仏教では「心の働きや感情をもたないもの」とみなされていた存在まで、マンダラのなかに描かれている事実は、注目にあたいします。

九曜・十二宮・二十八宿は、『大日経』には登場してきませんから、外部から導入されたのです。では、恵果はなぜ、『大日経』に登場してこない九曜・十二宮・二十八宿を、あえて導入したのでしょうか。この点について、恵果自身がなにか書いていてくれれば良かったのですが、残念ながら、かれの著作はまったくのこされていないのです。したがって、推測するしかありません。

謎を解く鍵《かぎ》は、九曜・十二宮・二十八宿が占星術、つまり天体の運行から未来を予知したり吉凶を占ったりする神秘的な技術と、密接な関係にあったという事実です。唐時代ころの中国では、僧侶《そうりょ》が、宗教者としてよりも、占星術師としての活動を期待される傾向がありました。

まして、仏教のなかでもとりわけ神秘の色あいが濃い密教部門の僧侶ともなると、その期待はさらに大きかったのです。現に、恵果の師にあたる不空《ふくう》は、『宿曜経《しゅくようぎょう》』という占星術の経典を漢訳し、恵果にも伝授しています。この事実から推測すると、恵果が胎蔵マンダラの外金剛部院に九曜・十二宮・二十八宿を導入した理由は、占星術を正当化し、目に見えるかたちで、密教のなかに位置づけるためだったと考えられます。

天上界の住人たちも、『大日経』には登場してこないにもかかわらず、かなり詳細に描かれています。こちらは『倶舎論』の記述を採用したようです。

さらに、天龍八部衆《てんりゅうはちぶしゅう》といって、阿修羅《あしゅら》や乾闥婆《けんだつば》をはじめ、鬼神・戦闘神・音楽神・動物神のたぐいも描かれています。このなかには、緊那羅《きんなら》や摩睺羅伽《まごらが》のように、人間でもなければ動物でもなく、半人半獣とよばれるジャンルの存在が含まれています。

羅刹《らせつ》や荼枳尼《だきに》のように、猛悪なことで名高いものたちも描かれています。そのすがたをよく見ると、人間の腕や足をかじっているものすらいます。マンダラのなかに描かれているということは、仏教に帰依したはずなのですが、もともとの猛悪な性格は変わっていないようです。しかし、そんなものたちも、日本の胎蔵マンダラは受けいれているのです。

その結果、外金剛部院は、仏教によって救われる可能性をもつすべての衆生《しゅじょう》の集合体という意味をもつようになった（田中公明『両界曼荼羅の仏たち』春秋社）のです。もちろん、そのなかには自然も含まれています。このようなことは、インドでは絶対にありえませんでしたし、チベットでもけっして起こりませんでした。

日本とチベットのちがい

また、チベットと日本の胎蔵マンダラを見比べると、別の点でも違いがあります。チベットの胎蔵マンダラは正方形をしていて、三重の構造です。つまり、上下左右のどこから見ても、対称性は完璧にたもたれています。

それに対し、さきほど述べたとおり、日本の胎蔵マンダラの構造は、縦が四重、横が三重です。その結果、全体の形としては、縦長の方形になっています。ということは、マンダラの視覚上の特徴である、強い対称性から逸脱しています。

ようするに、日本の胎蔵マンダラのほうが規範性が弱いのです。もっとわかりやすく表現するなら、ゆるいのです。しかし、そのゆるさが、日本の胎蔵マンダラに、たぐいまれな包容力をあたえたこともたしかです。

さらに、外金剛部院のヒンドゥー教出身の神々にたいする態度が、日本とチベットでは、ちがっています。

日本の胎蔵マンダラでは外金剛部院がいちばん外側の東西南北に配置されているのに、チベットの胎蔵マンダラでは外金剛部院が西南北の三面にとどまり、しかもいちばん外側ではなく、二重目に配置されています。

どちらが『大日経』の記述に忠実かというと、もちろんチベットの胎蔵マンダラのほうです。では、日本の胎蔵マンダラとチベットの胎蔵マンダラとでは、なぜ、外金剛部院に対する取り扱いがちがっているのでしょうか。

こういう説があります。外金剛部院に描かれている神々は、ヒンドゥー教の出身ですから、いわば「外様《とざま》」です。勘ぐれば、いつなんどき裏切るかもしれない。そこで、『大日経』では、いちばん外側ではなく、二重目に配置し、三重目に仏教本来の菩薩たちを配置して、監視しているのではないか、というのです。

チベットの胎蔵マンダラは『大日経』の記述に忠実なので、ヒンドゥー教出身の神々は二重目に配置された。ところが、日本の胎蔵マンダラでは、そういうことにあまり頓着《とんちゃく》しなかったらしく、単純にヒンドゥー教出身だから、いちばん低いランクで十分というわけで、いちばん外側に配置したのではないかというわけです。

このあたりには、日本とチベットの、異なる宗教や異なる民族に対する警戒心の差が、けっこう露骨にあらわれているようです。インドもチベットも、その歴史はひじょうに過酷でしたから、早い話が、警戒心を解かなかったと考えられます。それに比べれば、日本は、鎌倉《かまくら》時代の元寇《げんこう》をのぞけば、異民族の侵略とは長らく無縁だったので、警戒心に欠けるところがあるのかもしれません。

これもまた、日本の胎蔵マンダラがもつ包容力の豊かさとつながっている気がします。そして、その延長線上に、何一つとして捨てることなく、すべて包摂してしまう容器というイメージを、胎蔵マンダラに対して日本人がいだいたとしても、少しもふしぎではありません。

自然も成仏する

このように、なにひとつ捨てることなく、すべてを包摂していくなかで、自然もマンダラに入ってきました。

空海は著書の『吽字義《うんじぎ》』に、「草木また成ず。いかにいわんや有情をや（草や木も成仏するのですから、人間が成仏できないはずがありません）」と書いています。こういう考え方を、「草木成仏の思想」といいます。あらためていうまでもありませんが、「草木」は「自然」の同義語と解釈して、いっこうにかまいません。

この「草木成仏の思想」は、すでに述べてきたとおり、インド仏教にもチベット仏教にもありませんでした。唐時代の中国仏教も、草木の成仏を認めることには、消極的だったようです。

空海が暗に指摘しているように、草木も有情（人間）も同等の存在で、成仏するという思想はなかったのです。その意味で、空海が提唱した「草木成仏の思想」は、日本独特の思想といえます。

「草木成仏の思想」は、そののち天台宗の僧侶、安然《あんねん》（八四一？～八八九以降）が『斟定草木成仏私記《しんじょうそうもくじょうぶつしき》』という著作を書いて、精緻な理論に仕立て上げました。安然に言わせれば、草木はみずからの意志で悟りを求め、ついには成仏します。ここまで自然の価値を高く評価した思想は、仏教に限らず、どこのどの宗教にも、まったくといっていいくらい、見当たりません。生前の安然はなかなか認めてもらえず、生涯を不遇のまま送ったようですが、やがてその思想は「山川草木悉皆成仏《さんせんそうもくしっかいじょうぶつ》」とか「草木国土悉皆成仏」などというフレーズで、日本仏教の常識となっていきます。

日本の自然そのものがマンダラ

ここまでの考察でお気づきのように、日本人のマンダラ理解はかなり独特です。それをマンダラ本来から逸脱し誤解しているからダメだといっても、意味はありません。むしろ創造的と受けとったほうがずっと意味があります。

マンダラとは人の手で描かれた画像という次元を超えて、現実の自然そのものをマンダラに見立てる発想も、そういう日本人の創造的なマンダラ理解をよくあらわしています。原点はもとより、空海です。

そのことを最もよくあらわしているのが「高野《こうや》建立《こんりゅう》の初《はじめ》の結界《けっかい》の時の啓白《けいびゃく》の文《ふみ》」(『性霊《しょうりょう》集補闕鈔《しゅうほけつしょう》』巻九)です。この文章の意味は、おおむねこういうことです。

唐から帰国して、あちこちの地を調べたところ、この高野こそ密教を弘めるにふさわしい勝れた地であるとわかりました。そこで、人々の苦しみを救うため、真言密教にもとづいて、金剛界と胎蔵の大マンダラを建立しようとおもいます。高野の東西南北、四方上下、七里のうちの邪悪なる鬼神どもは、わが境域を出て去れ。仏法に味方する善神たちは心安く住まわれよ。また願わくは、大宇宙のありとあらゆる神々、歴代天皇家の尊霊、すべての天神地祇《てんじんちぎ》に、この道場の施主となっていただきたい。

空海は高野山という地そのものを、大マンダラとみなしました。『性霊集』巻一の「山に遊んで仙を慕う詩」には、こうも書かれています。

汚れなき宝の楼閣、金剛法界宮《ほっかいきゅう》は、堅固なダイアモンドの墻壁《しょうへき》でかこまれています。配下の仏菩薩や神々は雨のごとく数多ならび、その中央に大日如来が坐しています。

どうやら、空海の眼には、高野の地をぐるっとめぐる縁うるわしい山々が、マンダラに寄りつどう、あまたの仏菩薩や神々のすがたとして、映っていたようです。マンダラとみなされたのは、高野山だけではありませんでした。空海の後継者たちによって、日本各地の自然が、つぎつぎにマンダラとみなされていったのです。奈良県の吉野《よしの》、和歌山県の熊野《くまの》、山形県の月山《がっさん》などが、その代表格です。

これらの地を歩けば、自分がいま、マンダラのなかにいるという実感が、静かに、でも確実に、湧き上がってきます。それは、ごくふつうに、自然に親しむという目的で山野を歩いていて感じるものとは、次元の異なる感覚です。心身ともに、ほんとうに深いところから、癒《いや》されるのです。

この種の発想は、空海にとどまりません。山野を修行の場とする修験道《しゅげんどう》では、奈良県の吉野から、和歌山県の熊野まで、尾根伝いに歩く修行を、一三〇〇年にわたりつづけてきました。奥駆《おくがけ》修行です。

その際、ちょうど中間点に当たるところから、北の吉野がわを金剛界マンダラに、南の熊野がわを胎蔵マンダラに、それぞれ擬してきました。そして、この難路を踏破することで、「両部曼荼羅」をまるごと体得できる、とみなしてきたのです。わたしも体験しましたが、自分が超巨大なマンダラのなかを歩いているという感覚は、他に得がたいものです。

なんでも曼荼羅

日本のマンダラについては、他の地域には見られない傾向があります。「マンダラ」という言葉が、時代とともに、拡大解釈されていくのです。つまり、複数の仏菩薩や神々が画面のなかに描かれた画像を、なんでも「曼荼羅」とよぶようになったようです。

たとえば、極楽浄土の様相を描く「浄土変相図《じょうどへんそうず》」が、いつしか「浄土曼荼羅」と称されるようになりました。具体的な例をあげましょう。奈良県の當麻寺《たいまでら》（当麻寺）に伝わる当麻曼荼羅《たいままんだら》が典型例です。この曼荼羅は、八世紀の後半に唐で制作され、平安初期に日本へもたらされたと考えられています。『観無量寿経』にもとづいて描かれた「浄土変相図」ですので、正しくは「観経《かんぎょう》変相図」とよばれるべきですが、「当麻曼荼羅」という名称のほうが有名になってしまいました。

「当麻曼荼羅」とならんで、最古の「浄土変相図」とされるのは、奈良の元興寺《がんごうじ》に伝わる「智光《ちこう》曼荼羅」です。「智光曼荼羅」については、平時範《たいらのときのり》がのこした日記『時範記』の康和《こうわ》元年（一〇九九）の八月の条に、「極楽曼荼羅」という記述があります。したがって、このころから「浄土変相図」が「浄土曼荼羅」とよばれるようになったようです。

ところで、「浄土曼荼羅」には、密教の本格的なマンダラにはないものが描かれています。極楽浄土の環境です。さきほど指摘したとおり、極楽浄土は完璧な人工環境であって、自然はないのですが、仏菩薩や神々以外の事物を描くことは許されています。

さらに、日本の「浄土曼荼羅」は、時代が後になればなるほど、人工的な部分が少なくなっていく傾向が見られます。「当麻曼荼羅」は、完璧な左右対称の構図で、宝池もかっちり四角四面です。ところが、中世にさしかかるころから、構図は必ずしも左右対称ではなくなります。池も四角四面ではなくなり、ゆるやかな曲線を描くようになります。さらには、植物をはじめ、日本のそこここで見られるような自然が描かれるようになるのです。

もっとも、こういう図像を、チベットの僧侶に見せて、「日本ではこれもマンダラとみなしています」というと、「なにをバカな！」という顔をされるのがオチです。かれらは、こういう図像をけっしてマンダラとは認めません。

4章　心身の一体化

心と体を統合する「金剛界マンダラ」

3章では、人間と自然の関係を、胎蔵マンダラに注目して、考えてみました。この章は、日本密教では胎蔵マンダラとペアもしくはセットになる金剛界マンダラに注目して、心身の理想的なありかたを考えてみたいとおもいます。

胎蔵マンダラが、外部との絆《きずな》をもたらす方向性にあるとすれば、金剛界マンダラはわたし個人の心と体の統合をもたらす方向性にあるといえるかもしれません。もっといえば、密教が想定する「悟り」について、胎蔵マンダラよりもずっと端的に表現しています。

また、金剛界マンダラは、胎蔵マンダラのように外からあたえられるものではなく、瞑想《めいそう》によってみずから心の中に産出するものです。母親が赤ちゃんを産むように、修行者が自分の分身を産んで、マンダラに育て上げることで、自分自身と仏菩薩《ぶつぼさつ》が一体化するのです。すでにあるものではなく、これからつくりだすものといってもかまいません。

もちろん、そのために欠かせない条件があります。金剛界マンダラを産出するには、あらかじめ「悟り」を得ている必要があります。

金剛界マンダラが成立するプロセスはひじょうに複雑かつ難解ですので、ここではごく簡単にその概要をしめしておきます。

悟りの中身はわからない

そこでまずは、「悟り」、わけても密教が想定してきた「悟り」について、考えてみましょう。

仏教の原点は、今から二五〇〇年ほど前に、パーリ語ではゴータマ・シッダッタ、サンスクリットではガウタマ・シッダールタと表記される人物が、三五歳のとき、深い瞑想のなかで悟りを得て、ブッダ（目覚めた人）となったことに求められます。このときの体験は、仏教の根本となったことから、「根本体験」と呼ばれてきました。

以来、多くの仏教者がブッダの悟りを再現しようと試みてきました。つまり、仏教における修行とは、ブッダの悟りを、追体験することにほかならなかったのです。

ところが、ここに大きな問題がありました。悟りの中身が、まったくといっていいほど、わからないのです。

なぜなら、ブッダが語ることを拒んだからです。このことは、すでに1章で、ブッダが涅槃《ねはん》に入ってから遅くとも三〇〇年以内には編纂《へんさん》された、最初期の仏伝の『聖求経《しょうぐきょう》（パーサラーシ・スッタ）』に説かれている言葉を引用して、述べました。

ここに語られているとおり、悟りを得た直後の時点では、ブッダは自分が獲得した「法」、すなわち最高真理を、第三者にむかって説くつもりすら、ありませんでした。ブッダはようやく得た悟りの境地を、「自受法楽《じじゅほうらく》」といって、ひとりで享受していたのです。

事態は、インド神界の最高位にある梵天《ぼんてん》（ブラフマン）と帝釈天《たいしゃくてん》（インドラ）があらわれて、こう懇願したことで、変わりました。「ブッダが法を説かないならば、世の中はますます堕落し、暗黒へと向かうばかりです。あわれみの心をもって、人々を教えさとしてください」。

こう懇願されて、ブッダもやっと重い腰を上げ、慈悲の心から、つまり無償の行為として、教化《きょうけ》を始めたと伝えられます。

このようないきさつを思うと、仏教が宗教として成立するためには、ブッダが悟りを得ただけでは不十分で、ブッダが人々を教化しようと決心する必要があったのです。

こうして、ブッダは、人々に説法を開始しました。三五歳で悟りを得て、八〇歳で涅槃に入るまで、四五年間にわたり、説法はつづきました。

しかし、その内容はもっぱら悟りにみちびく方法や、仏弟子としての行動規範でした。なにを、どう体験したのか、については、口をかたく閉ざしたままでした。悟りそのものは言葉では表現できない、自分の心身をもって体得するほかはない、という立場を堅持したのです。

三劫成仏から即身成仏へ

そのため、ブッダの悟りをめぐっては、ああでもない、こうでもないというぐあいに、さまざまな解釈が生まれました。代表的な解釈は、「十二因縁《じゅうにいんねん》」と「四諦《したい》（四聖諦《ししょうたい》）」です。

「十二因縁」とは、なぜ、人間は生まれてから死んでいくまで、苦しみつづけるのか。なぜ、迷いつづけるのか。その根本的な原因を、十二の「因縁（原因と結果というかたちで連鎖する現象）」として、ブッダが解明したとされる絶対の真理です。

「四諦」とは、この世はすべて苦である→苦の原因は飽くことなき愛執である→愛執の絶滅こそ、理想の境地である↓理想の境地は、八正道（八つの正しい修行）の実践によって得られる、という真理です。

これらの悟りに対する解釈にもとづく修行も、いろいろ試みられてきました。それはそのまま、仏教の歴史そのものといえるほどです。

仏教の歴史を振り返ると、時代が後になればなるほど、悟りを開くことは難しいとみなされてきた傾向が見られます。『聖求経』に説かれているように、悟りを開くことはすこぶる難しいのですが、難易度が時代とともに上がっていったのは、疑いようのない事実です。

ブッダがまだ生きていた頃、およびブッダからじかに指導を受けた弟子たちがまだ生きていた頃は、悟りを開くことは、後世ほどには難しくないと考えられていたようです。その証拠に、原始仏典には、ブッダの指導を受けて、悟りを開いた弟子たちの話がたくさん説かれています。

ひじょうに興味深い例をあげましょう。数ある仏弟子たちのなかでも智慧《ちえ》第一と称讃《しょうさん》されたサーリプッタ（舎利弗《しゃりほつ》）は、ジャイナ教の『聖仙のことば（イシバーシヤイム）』という聖典に「サーリプッタ・ブッダ」と表記されています。つまり、仏教とは競合する関係にあった他宗教からも、悟りを開いた人物として、認められていたのです。そもそも、「ブッダ」という呼称は、「修行を完成した人」とか「目覚めた人」

を意味する一般名詞であり、特定の人物に対して使われていたわけではありません。

ところが、ブッダや直弟子たちの時代をへて、悟りや修行に対する見解の相違から、仏教教団が一八とも二〇ともいわれる部派に分裂した部派仏教の時代になると、悟りが途方もなく遠のいてしまいます。「歴劫修行《りゃっこうしゅぎょう》」といって、三劫にわたって修行し続けないと、悟れないと考えられたのです。「劫」については諸説ありますが、どの説を採っても、人間的な尺度ではほとんど無限大の時間です。それが三劫ですから、ほぼ無限大の時間×三という、絶望的な時間をかけて修行し続けない限り、悟りは開けなくなってしまったのです。

大乗仏教も、この「三劫成仏」をそのまま継承しました。どの大乗経典を読んでも、悟りには想像もできないほど長い時間がかかると説かれています。

密教は、このような絶望的な状況を、一挙に転換する悟り＋成仏論を展開しました。それが「即身成仏《そくしんじょうぶつ》」です。つまり、父母から生まれたままの心身で、いいかえれば今生きているうちに、悟りを開く方法があると主張したのです。密教は、従来型の仏教、すなわち顕教に対する圧倒的な優位を、この即身成仏に求めたのです。

密教の悟り

こういった背景を頭に入れつつ、ここでは、マンダラを生み出した密教の悟りに対する解釈をとりあげます。

密教の解釈では、ブッダは、自分（我）という小宇宙（ミクロコスモス）が大宇宙（マクロコスモス）と一つに融合する体験をしたのです。わたし自身はきわめて微少な存在にすぎず、大宇宙は無限大の存在である。しかし、その圧倒的な差を超えて、両者は本質が同じだ、とブッダは心身で体得した。これこそ、ブッダの「根本体験」であり、ブッダの悟りの内実なのだ、と密教は主張します。

日本密教の開祖となった空海も、同じ体験をした可能性があります。著書の『三教指帰《さんごうしいき》』や伝記の『空海僧都《そうず》伝』によれば、二十歳になる少し前のころ、土佐《とさ》の室戸崎《むろとざき》できびしい修行を積んでいたときのことです。目を閉じて瞑想していると、明星が口の中に飛び込んできて、仏の力をありありと感じたというのです。このときの体験は、明星を大宇宙（マクロコスモス）、空海を小宇宙（ミクロコスモス）とみなせば、大宇宙（マクロコスモス）と小宇宙（ミクロコスモス）が一つに融合する体験にほかなりません。そして、この体験こそ、空海の悟り体験だったはずです。

両者の体験は、インド型宗教の伝統的な用語を使えば、「梵我《ぼんが》一如《いちにょ》」です。「梵」とは大宇宙を意味します。大宇宙は、密教の考え方によれば、密教が想定する最高の仏である大日如来にほかなりません。「我」とは、わたし自身のことです。「一如」とは、本質が同じという意味です。したがって、「梵我一如」は、「大日如来（大宇宙）とわたし自身とは、本質が同じ」という意味になります。

ただし、日本の伝統仏教界では、「梵我一如」という用語をめぐって、見解の相違があります。一方は、嫌って拒否する傾向があります。その理由は、「梵我一如」はバラモン教やヒンドゥー教の用語だから、仏教で使うわけにはいかない、ということのようです。もちろん、そこに、仏教を上位に、バラモン教やヒンドゥー教を下位に置く序列意識、もしくは偏見がかかわっているのは確かです。

しかし、仏教学や密教学の専門家の間でも、密教の悟りは「梵我一如」と表現していい、とみなす方々もいます。現に、水野弘元《みずのこうげん》、宮坂宥勝《みやさかゆうしょう》、津田真一《つだしんいち》といった、著名な研究者たちが、ブッダの涅槃と梵我一如を同じ体験とみなしています。

問題は、ブッダの悟り体験が、密教が解釈してきたように、自分（ミクロコスモス）が大宇宙（マクロコスモス）と一つに融合する体験だったとした場合、このようなミクロコスモスとマクロコスモスが一つに融合する体験を、どう表現するか、です。仏教の伝統的な用語を探してみても、残念ながら、見当たらないのです。密教の用語から探してみると、「双入《そうにゅう》」あたりが有力な候補になるかな、とも思いますが、知名度の点では劣ります。

ということで、現時点で、わたし自身は「梵我一如」を使っています。なにか良い表現をご存じであれば、教えていただきたいと思います。

最高の教え『金剛頂経』

このように、密教にとってもっとも大切な「梵我一如」の体験を、金剛界マンダラは「マンダラ瞑想法」というテクニックをつかって、実現しようとします。金剛界マンダラは『金剛頂経』という密教経典にもとづいていますから、ことの順序として、『金剛頂経』について説明します。

『金剛頂経』というタイトルは、いわば略称です。漢訳本の場合、正式には、『金剛《こんごう》頂一切如来真実摂《ちょういっさいにょらいしんじつしょう》 大乗《だいじょう》 現証《げんしょう》 大教王経《だいきょうおうきょう》』といいます。中国の唐時代に、不空（アーモガヴァジュラ　七〇五～七七四）という僧侶によって、サンスクリット本から漢訳出されました。アーモガヴァジュラという名前から連想されるように、インド人の父とソグド人の母とのあいだに、西域で生まれた人物です。

ずいぶん長いタイトルですが、現代語訳すれば、「金剛（ダイアモンド）のごとき最高の教えの中でも最高の教えにほかならない、すべての如来が体現する真理を結集した大乗の教えを、実際に体得させる、経典の中の王座にある経典」くらいでしょうか。

密教の専門研究者は、『金剛頂経』ではなく、『真実摂経《しんじつしょうきょう》』というタイトルをよく使います。理由は、『金剛頂経』というタイトルは、正式名称ではないからです。不空に先行して中国にこの経典をもたらした金剛智《こんごうち》（ヴァジュラボーディ　六七一～七四一）というインド出身の僧侶が、持参したサンスクリット本を漢訳出するに際して付けた名称なのです。サンスクリット原典では『一切如来真実摂という大乗経（すべての如来が体現する真理を結集した大乗の教え）』と称し、その略称として、『真実摂経』とも呼ばれてきました。しかし、日本の密教界では、『金剛頂経』のほうがとおりがいいので、本書でも『金剛頂経』を使います。

なお、タイトルにある「一切如来」は、『金剛頂経』のキーワードです。直訳すれば「（全宇宙をあまねく満たしている）すべての如来」となります。その数は無限大です。そして、「一切如来」によってかたちづくられている大宇宙の真実を、目に見えるかたちにしたのが金剛界マンダラなのです。

『金剛頂経』は『大日経』より半世紀ほど遅れ、七世紀の中ころから後半にかけての時期に、南インドの北部で成立したと考えられています。

また、『金剛頂経』と『大日経』とでは、思想の面でも修行法の面でも、そしてマンダラの面でも、大きな差異があります。簡単にいうと、『金剛頂経』のほうが『大日経』よりも、密教経典としての完成度がずっと高いのです。別の表現をすれば、とてもシステマティックに、密教が解説されているのです。

不空訳の『金剛頂経』は、全部で三巻あります。まず、一切義成就菩薩《いっさいぎじょうじゅぼさつ》と呼ばれる修行者が、「五相成身観《ごそうじょうじんかん》」という瞑想法を実践した結果、悟りを得て、金剛界如来になります。この瞑想法については、のちほど説明します。

そして、金剛界如来となった修行者はみずからの心身から、つぎつぎに仏菩薩を出生して、金剛界と呼ばれる究極の真理の世界を展開します。こうして展開された究極の真理の世界こそ、金剛界マンダラにほかなりません。

さらに、正式な密教僧となるための儀礼（灌頂作法《かんじょうさほう》）、『金剛頂経』に説かれる密教を修行することで得られる功徳《くどく》、手にむすぶ印《いん》をはじめ修行に必要な要素や規則、などから構成されています。

この事実からあきらかなとおり、『金剛頂経』には、この経典独自の思想が、それが思想であるとすぐ理解できるようなかたちでは説かれていません。その代わり、瞑想法とマンダラと灌頂作法を介して、まさにシンボリックに、思想が説かれているのです。この点が、もっぱら思想を説く「住心品」という章を設定している『大日経』との大きな違いであり、『金剛頂経』がきわめて難解とされる原因でもあります。

密教瞑想法の三つのキーワード

金剛界マンダラを理解するためには、密教に特有の発想や表現について、あらかじめ知っておく必要があります。「三密瑜伽《さんみつゆが》」・「入我我入《にゅうががにゅう》」・「即身成仏」の三つです。「三密瑜伽」の「三密」とは、身密・口密《くみつ》・意密から構成され、身体・言語・心のそれぞれに配当された活動を意味します。

この三分法は、人間活動のすべてを仮に三つに分けて把握したまでで、じつは人間活動のすべてを意味します。それどころか、これらの三密は、究極的には全宇宙の活動そのものにほかならないと認識されています。

いっぽう、「瑜伽」とは、「ヨーガ」の漢字による音写です。身体技法を、とりわけ呼吸のコントロールを不可欠の要素とする瞑想法を意味しています。また、その結果として実現する、聖なる対象との融合や一体化を意味することもあります。

具体的には、手に印契《いんげい》（手印）を結び、口に真言をとなえ、心に仏菩薩のありさまを思い描く行為を指しています。つまり、仏菩薩と相似の状態をつくりだすのです。そして、その相似の状態が極致に達するとき、奇跡にたぐいする現象が生まれます。本来であれば、無限のへだたりがあるはずの修行者と仏菩薩とのあいだに、心のエネルギーの劇的な交流が実現して、相似がイコールの関係に飛躍し、ついには両者が融合し一体化するというのです。真空に近い状態に置かれたプラスの電極とマイナスの電極のあいだに、放電現象が起こるようなものです。

このように、修行者と仏菩薩とが融合し一体化することを、密教では「入我我入」と表現します。文字どおり、仏菩薩が我の中に入り、我が仏菩薩の中に入るという意味です。宗教学の用語をつかえば、「聖なるものとの神秘的合一」です。

その結果、父母から生まれた身体のまま、短い時間内で、「悟り」を得ることができるので、「即身成仏」といいます。顕教の段階の大乗仏教では、悟りを得るまでに、ほとんど永遠に近いくらいの時間がかかるとみなされていましたから、「即身成仏」はまさに革命的といえます。密教にとって、最大のアピールポイントといってかまいません。

五相成身観

さきほどふれた「五相成身観」は、歴史上に実在したブッダが悟りを開くプロセスを、密教的にアレンジした瞑想法です。なぜなら、ここに登場する主人公の菩薩の「一切義成就菩薩」は、ブッダの出家する前の名である「シッダッタ／シッダールタ」＝「一切義成就（ありとあらゆる意義を完成した者）」に、仏教の修行者を意味する「菩薩」を、添えた名称だからです。

先ほども指摘したとおり、悟りを実現するために、さまざまな方法が試みられてきました。「一切義成就菩薩」もその一人でした。呼吸を完璧《かんぺき》にコントロールして、身体をこのうえなく安定した状態に置くという伝統的な方法を実践した結果、自分はいままさに悟りを実現する直前の段階まで到達したと認識していました。

ところが、そのとき、一切如来から「『金剛頂経』の悟りを知らずに、従来の修行ばかりしていては、いつまでたっても、最高の悟りは得られない」と宣告されて、びっくり仰天。「では、どうしたら最高の悟りを得られるのでしょうか」と尋ねたところ、一切如来から「五相成身観」を実践するしかないと教えられます。

「五相成身観」というくらいですので、この瞑想法は五つの段階から構成されています。密教の瞑想法ですから、さきほどふれた「三密瑜伽」が実践されます。

三密のうち、とりわけ重要な位置を占めるのが、口密です。具体的には、五つの段階にそれぞれ一つずつ、設定される真言です。これらの真言をとなえなければ、悟りを得て、仏になることは絶対にできないと『金剛頂経』は主張します。

日本密教の宗派が真言宗と呼ばれ、インドでも密教はマントラ・ヤーナ（真言乗）と呼ばれたくらいですから、密教にとって、真言は特別な位置を占めています。真言を抜きにして、実は成り立たないといってもいいでしょう。空海も著書の『般若心経《はんにゃしんぎょう》秘鍵《ひけん》』のなかで、こう述べているくらいです。

真言は不思議なり　観誦《かんじゅ》すれば無明を除く　一字に千理を含み　即身に法如を証す

（真言とは不思議なものです。心に思い浮かべつつとなえれば、根源的な無知を解消してくれます。たった一つの文字にあまたの真理を包含していて、父母から生まれた身体のままで、悟りの境地にみちびいてくれるのです）

心と体が一つになる瞑想法

「五相成身観」では、まず自分の心を、月輪《がちりん》（満月）に見立てます。ついで、月輪の中に、サンスクリットの阿字《あじ》を瞑想します。その阿字を五鈷金剛杵《ごここんごうしょ》（両端に五つの突起をもつ密教法具）に変容させ、さらに大日如来に変容させていきます。並行して、月輪を、宇宙大にまで拡大し、また一点に収縮して自分の中に再び収容します。

このとき、指定された真言が、決定的な力を発揮します。以下に、各真言の名称とその意味をあげておきます。なお、真言の冒頭でとなえられる「オーム」は、仏教が誕生する前から神聖視されてきた発音です。密教では、ありとあらゆる真理への入口であり、ありとあらゆる呪文《じゅもん》の母胎とみなされてきました。

①「通達菩提心《つうだつぼだいしん》」オーム　私は自分自身の心の根底をきわめる。
②「修菩提心《しゅぼだいしん》」オーム　私は悟りを求める心を発する。
③「成金剛心《じょうこんごうしん》」オーム　立ち上がれ、金剛（杵）よ。
④「証金剛心《しょうこんごうしん》」オーム　私の本性はこの金剛（杵）となんら変わらない。
⑤「仏身円満《ぶっしんえんまん》」オーム　一切の如来たちとまったく同じ状態を、私は実現する。

そして、五段階のプロセスを通じて、自分の身体を、極大と極微が融合し交錯する真理顕現《けんげん》の場に変容させ、ついには金剛界如来（金剛界大日如来）と呼ばれる如来に「即身成仏」します。すなわち、父母から生まれた身体のままで、成仏するのです。これが『金剛頂経』版の「梵我一如」であり、悟り体験です。

自分の身体を悟りの場とし、父母から生まれた身体のままで成仏するので、身体だけが強調されているように見えますが、瞑想の対象となっているのは、その身体の中にある心です。つまり、身体と心は不可分の関係にあるのです。身体だけでもなければ、心だけでもありません。心にとっては、身体という場が不可欠なのです。密教的な用語でいえば、「心身一如《しんしんいちにょ》」です。

このように、心と身体を分けない発想は、密教の特徴でもあります。いいかえれば、心身二元論ではないのです。宗教の世界では、よく「心が大事」といいますが、密教はそうは考えません。身体あっての心、心あっての身体なのです。

ですから、もし、悟りを得て成仏するならば、そのとき、心と体が完全に一つになって、どこにもギャップが見出《みいだ》せないことは、あらためていうまでもありません。

マンダラを産出する方法

こうしてめでたく悟りを得て、金剛界如来になれたならば、いよいよ金剛界マンダラの産出にかかります。

次頁の図を見てください。ご覧のとおり、日本の金剛界マンダラは、九つの区画から構成されています。つまり、九つのマンダラの集合体なのです。そこで、「九会曼《くえまん》荼羅《だら》」とも呼ばれます。胎蔵マンダラが、全体で一つのマンダラなのとは、この点が大きく異なります。

「九会曼荼羅」は、インドにもチベットにもありません。なぜなら、中国で考案されたからです。考案したのは、空海の師であった恵果のようです。空海は恵果から授けられ、日本に伝えたのです。

九つのマンダラのうち、中央の「成身会《じょうじんね》」は不空訳の『金剛頂経』が典拠です。「降三《ごうざん》世《ぜ》三昧耶会《さんまやえ》」・「微細会《みさいえ》」・「供養会《くようえ》」・「四印会《しいんね》」・「一印会《いちいんね》」・「降三世《ごうざんぜ》三昧耶会《さんまやえ》」・「降三《ごうざん》世《ぜ》羯磨会《かつまえ》」の七つのマンダラは、不空が漢訳して以降に成立した『金剛頂経』、および関係する書物の記述にもとづいて描かれています。

わたしが「不空が漢訳して以降に成立した『金剛頂経』」という、いささか奇妙な

金剛界マンダラ
『西新井大師大曼荼羅』(画／中村幸真・中村涼應、写真提供／西新井大師)

金剛界マンダラ九会

四印会	一印会	理趣会
供養会	成身会	降三世羯磨会
微細会	三昧耶会	降三世 三昧耶会

言い方をしている理由は、不空が漢訳した『金剛頂経』は、まだ初期段階の『金剛頂経』だったからです。じつは、『金剛頂経』という密教経典は、インド密教の主流となったこともあって、発展し続けました。不空が漢訳した『金剛頂経』は、完成段階の『金剛頂経』に比べれば、頭の部分の、それも一部に過ぎませんでした。

完成段階の『金剛頂経』では、マンダラも二八種類と飛躍的に多くなっています。さらに、註釈《ちゅうしゃく》書によっては四四種類という説すらあります。

九会曼荼羅の残りの一つ、「理趣会《りしゅえ》」は、『理趣経（般若理趣経）』という別の密教経典にもとづいて描かれています。『理趣経』は『金剛頂経』と近い関係にあり、密教経典をグループ分けするなら、同じグループに入るので、金剛界マンダラを構成するパーツに加えられたと考えられています。

このなかでも最も重要なのが、中央に位置する「成身会」と呼ばれるマンダラです。成身会は全部で三十七の仏菩薩たちから構成されています。これが金剛界マンダラの基本形です。他の七つのマンダラは、「成身会」のヴァリエーション展開、つまり変形版か省略版とみなして、かまいません。

『金剛頂経』には、マンダラが産出される場所は、インド仏教の宇宙論では宇宙の中心にそびえているとされる須弥山《しゅみせん》の頂上と書かれています。しかし、それはあくまで瞑想の中におけるイメージですので、実際には自分の心の中にこそ、金剛界マンダラは産出されることになります。

マンダラ瞑想法では、「仏菩薩の産出」（立川武蔵「金剛界マンダラの観想法」『国立民族学博物館　研究報告別冊18号　チベット仏教図像研究―ペンコルチューデ仏塔―』）という行為がおこなわれます。どういうことか、説明します。

まず、前提があります。金剛界マンダラを構成する仏菩薩は、それぞれ固有のシンボルを持っているという前提です。この前提にもとづいて、瞑想が開始されます。

修行者はいまや金剛界如来となって、マンダラの中心に坐《すわ》っています。ただし、この段階では、マンダラの中には誰もいません。

金剛界如来は自分の心の中で、それぞれの仏菩薩のシンボルを、自分がいま手にしていると瞑想します。つぎに、そのシンボルをその仏菩薩に手渡す、と瞑想します。すると、次の瞬間、金剛界如来の眼前に、その仏菩薩がすがたをあらわすのです。

実例をあげましょう。

供養菩薩の一人、金剛華菩薩《こんごうけぼさつ》を産出する場合は、こうします。金剛華菩薩のシンボルは、その名のとおり、蓮華《れんげ》を盛り上げた花器です。金剛界如来は蓮華を世界中から集め、いま自分が手にしている花器に盛り上げると瞑想します。それが実感できた瞬間に、その花器を自分の前の空間に差し出します。すると、そこに、たちどころに金剛華菩薩がすがたをあらわし、その花器を金剛界如来の手から受けとって、マンダラ上の、あらかじめ定められている場所に坐るのです。

産出の順番は、中心部から開始されます。金剛界如来のすぐそばに配置されている仏菩薩からはじまり、中心から周辺に向かって、さまざまな仏菩薩を産出していくのです。

こうして、全部で三十七の仏菩薩が勢揃いしたところで、マンダラは完成します。そして、こういう行為を実践している自分こそ、じつは金剛界大日如来にほかならないという認識に到達するのです。この認識が、密教における「悟り」の体験です。

もちろん、仏菩薩の産出は簡単ではありません。最初から三十七の仏菩薩を全部、

成身会における仏菩薩の名前

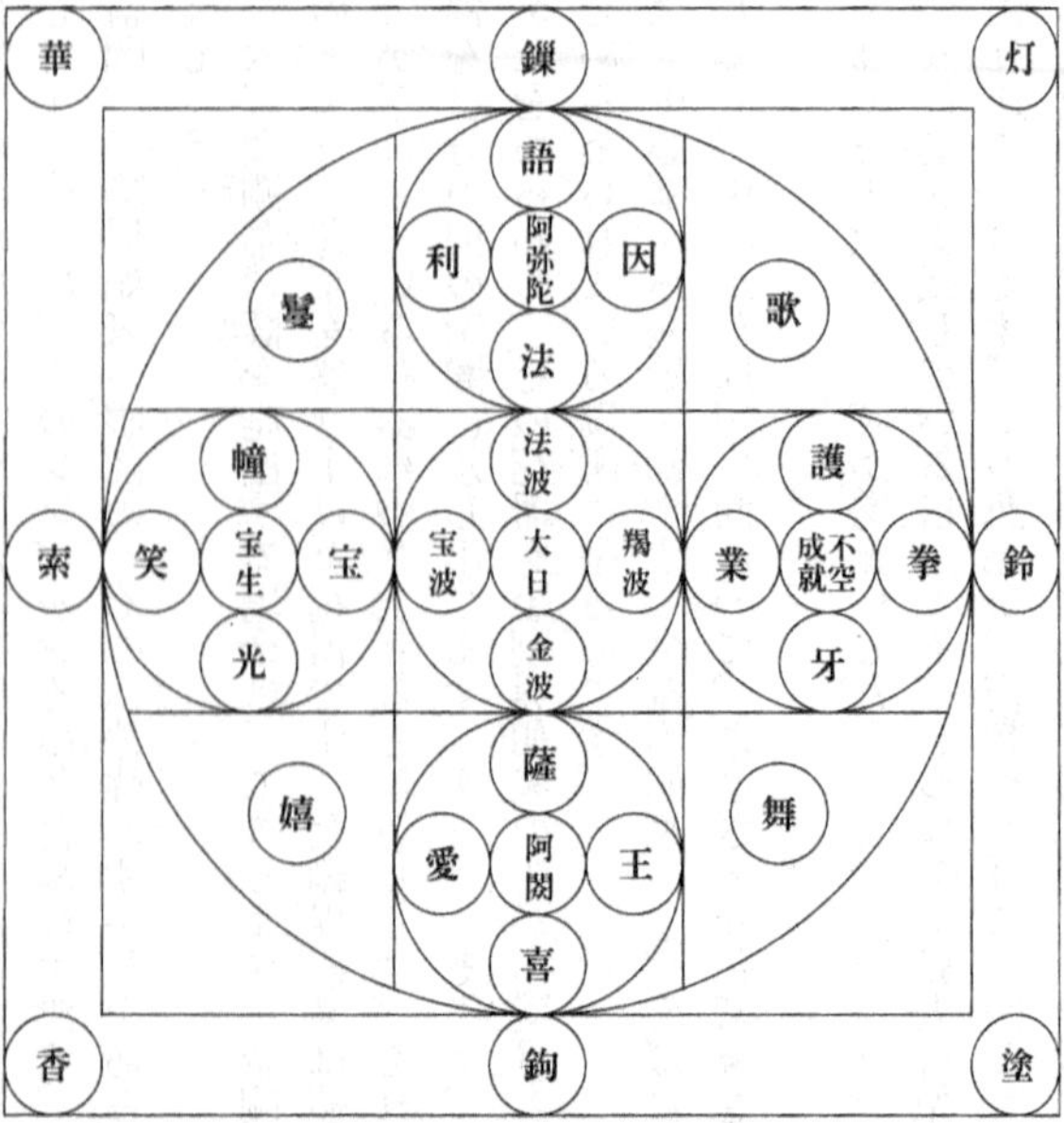

成身会には、このように37の仏菩薩が描かれている。修行者は瞑想して仏菩薩を心の中に配置する。

一挙に産出できるはずがありません。産出する仏菩薩の数を少しずつ増やしていって、最終的には全部を同時に産出できるように、努力します。

いずれにせよ、心のエネルギーを総動員しなければ、完成はおぼつきません。体調が悪くては、うまくいくわけがありません。心と体の健康を維持して、両者のバランスをとる必要もあります。逆にいえば、それこそが修行なのです。

以上のようなプロセスをへて、修行者の心の中に完成したマンダラを、紙の上なり壁の上なりに絵の具を使って描き出し、ときには織物として表現したのが、いまわたしたちが目にする金剛界マンダラの「成身会」なのです。

成身会の秘密

成身会について、もう少し説明します。成身会は羯磨会《かつまえ》とも呼ばれます。羯磨はサンスクリット（梵語）で活動を意味するカルマの漢訳語ですから、羯磨会とは仏が活動する領域を意味しています。また、成身会は金剛界マンダラ全体の中心に位置し、その根本にあたるところから、根本会《こんぽんえ》とも呼ばれます。

成身会を構成する三十七の仏菩薩たちは、五智《ごち》如来・十六大菩薩・四波羅蜜《はらみつ》菩薩・

八供養《くよう》菩薩・四摂《しょう》菩薩です。最も重要なのは、マンダラの中央に坐《ざ》している五智如来であり、中心が毘《び》盧《る》遮那《しゃな》如来（大日如来）、東が阿閦《あしゅく》如来、南が宝生《ほうしょう》如来、西が阿《あ》弥陀《みだ》（無量寿）如来、北が不空成就《ふくうじょうじゅ》如来という配置になっています。

この金剛界の大日如来は、智《ち》拳印《けんいん》と呼ばれる印をむすんでいます。印は日本密教の伝統では、むすばれた左右の拳によって「生仏不二《しょうぶつふに》」、つまり如来と生きとし生けるものとの一体性を象徴し、また即身成仏の理想をあらわす、と解釈されてきました。

なお、日本密教の金剛界大日如来は一面二臂《にひ》ですが、チベット密教では、多くの場合、四面二臂の姿で表現されています。理由は、『金剛頂経』に「五相成身観」を実践して即身成仏した金剛界如来（金剛界大日如来）は、「あらゆる方向に顔を向ける」と説かれているからです。「あらゆる方向」の意味はいろいろ解釈できますが、通常は「四方」とみなされるので、東西南北の四つの顔をもつ姿になったようです。

日本では四面は好まれなかったらしく、作例はほとんどありません。本家本元のインドでも、ウダヤギリ遺跡から出土した金剛界大日如来像などは、一面二臂の姿で造形されていますから、四面二臂はチベット密教に独特ともいえます。とにかく、チベット人たちは、インド由来の聖典の記述にじつに忠実な傾向が見られます。

五智如来は、その名がしめすとおり、五人の如来が以下の智恵を象徴しています。大日如来＝法界体性智《ほっかいたいしょうち》（ありとあらゆる智恵を知る智恵）。阿閦如来＝大円鏡智《だいえんきょうち》（鏡がすべての対象を正しく映し出すように、法界体性智にすべての対象を正しく映し出す働きをもつ智恵）。宝生如来＝平等性智《びょうどうしょうち》（凡人には千差万別にしか見えない森羅万象の、差違の底にある平等性や共通性を知る智恵）。阿弥陀如来＝妙観察智《みょうかんさっち》（平等に見えるもの、共通に見えるものの、そのなかにある差違を正しく観察する智恵）。不空成就如来＝成所《じょうしょ》作智《さち》（ものごとを生成する智恵であり、人間の身体と経験を媒介としてはたらく実践的な智恵）です。金剛界マンダラの典拠とされる『金剛頂経』系の密教では、これらの五つの智恵をもって、すべての智恵を完璧に網羅できると主張します。

そのほか、男性形で表現される十六大菩薩は、五智如来の活動をになう実践要員。女性形で表現される四波羅蜜菩薩と八供養菩薩は、五智如来の接待係。男性形で表現される四摂菩薩はマンダラの四方の門を守る門衛の役割があたえられています。

注目すべきは、女性形で表現される四波羅蜜菩薩と八供養菩薩の存在です。なぜ、女性形の尊格が描かれているのか。なぜ、彼女たちは、如来たちの接待係なのか。考えてみなければなりません。

2章で、密教の歴史を論じたとき、こう述べました。後期密教の「無上ヨーガタントラ」の段階になると、条件付きではありますが、修行に性行為を導入することすら試みられた。そして、この段階を代表する密教経典の『秘密集会《ひみつしゅえ》タントラ』の冒頭には、「ブッダは女性器のなかにおられた」という表現さえ見られる。また、「無上ヨーガタントラ」の聖典にもとづいて描かれたマンダラには、男女の仏がいだきあうすがたも見られるとも、述べました。

じつは、『秘密集会タントラ』は、『金剛頂経』の発展形あるいは進化形なのです。このことは、不空が漢訳出した『金剛頂経瑜伽十八会指帰《こんごうちょうきょうゆがじゅうはってしいき》』という経典の中に、『秘密集会タントラ』の原初形態が説かれている事実から、あきらかです。ようするに、「成身会」に女性形の尊格が描かれていることと、後期密教の「無上ヨーガタントラ」の段階において、条件付きとはいえ、修行に性行為が導入されたことは、つながっているのです。

空海の主著に位置づけられる『秘密曼荼羅十住心論《ひみつまんだらじゅうじゅうしんろん》』と『秘蔵宝鑰《ひぞうほうやく》』を読むと、空海が、『金剛頂経』の扱いについて、ひじょうに慎重だったことがわかります。もしかしたら、空海の慧眼《けいがん》は、『金剛頂経』のなかに容易ならぬ要素が秘められていることを、見抜いていたのかもしれません。ちなみに、空海は留学先の唐から『金剛頂経瑜伽十八会指帰』を持ち帰り、読んでいましたから、その影響が考えられます。

マンダラを身体に取り込む

さきほど述べたとおり、『金剛頂経』には、修行者の心の中にマンダラを完成した後、密教の正式な継承者になるために不可欠の儀礼である「灌頂」についての説明が説かれています。この儀礼は、「灌頂」という漢字から想像されるとおり、頭頂に聖水をそそぐ行為が中心です。また、弟子は「投華得仏《とうげとくぶつ》」といって、目隠しをしたまま華をマンダラの上に投げて、落ちたところの仏菩薩を自分の守り本尊に選んだり、阿闍梨《あじゃり》と呼ばれる密教をきわめた高僧から、マンダラについて説明を受けたりもします。

日本密教では、以上で金剛界マンダラをもちいる儀礼は終わります。これでは、せっかくのマンダラなのに、十分に使わず、いささかもったいないというか、中途半端というか、惜しい気がします。

その点、チベット密教では、その先が設定されています。「マンダラをみずからの身体に取り込む」という、日本密教にはないタイプの瞑想法です。二一世紀の混乱を極める世界に生きて、心と体のアンバランスに悩むことが多いわたしたちには、チベット密教の瞑想方法のほうが、意味があるかもしれません。

そもそも、日本密教のマンダラ儀礼では、密教僧にならなければ参加できません。でも、「マンダラをみずからの身体に取り込む」瞑想ならば、誰もが実践することも不可能ではありません。

そこで、以下に、この瞑想法のポイントとなる箇所をご紹介します。ちなみに、典拠は、チベット仏教の最大宗派であり、ダライ・ラマを最高指導者とするゲルク派の開祖、ツォンカパ（一三五七～一四一九）があらわした『吉祥秘密集会成就法《きちじょうひみつしゅえじょうじゅほう》　清浄瑜《しょうじょうゆ》伽《が》次《し》第《だい》』という書物です。思想的な系譜からすると、『金剛頂経』が開発した路線のうえにあり、マンダラの基本的な構造も同じです。ただし、マンダラに産出される仏菩薩は三二と、ちょっと少なくなっています。

この瞑想を実践する目的は、マンダラを構成する仏菩薩、そして慈悲にもとづく怒りで人々を救うとされる明王《みょうおう》たちすべてを、再びマンダラにお招きしたうえで、今度は修行者自身の身体各部に配置する瞑想を通じて、最終的には自分の身体が、仏菩薩や明王たちの原子からつくられている、いいかえれば同じ本質からできている、と確信することにあります。

瞑想法は、つぎのように実践されます。なお、「種字《しゅじ》」という言葉が登場しますが、これは密教の仏菩薩や明王のひとりひとりを象徴するサンスクリット文字（梵字）のことです。

まず、こう瞑想しなさい。

あなた自身の胸に、フームの種字があります。そのフームの種字から、光明が照射されます。光明は、あらゆる方向へ拡大していきます。その光明のなかに、大日如来から明王たちにいたるまで、マンダラを構成するすべての仏菩薩や明王たちを、お招きしなさい。

次に、招きに応じておとずれた仏菩薩や明王たちを、あなた自身の身体各部に布置しなさい。

「布置する」とは、なにかが、ここでは仏菩薩や明王たちが、その特定の場所に存在する、とイメージすることと考えてください。より積極的には、あるいはより実践的には、仏菩薩や明王たちが修行者の身体各部に、外部から浸透し、溶融することといってもいいかもしれません。

その後は、頭頂、両耳、両眼、鼻、舌、両肩、両手、臍《へそ》、両足などに、仏菩薩や明王を布置していきます。

以上のように、布置し終わったならば、あなた自身の身体を構成しているありとあらゆる要素が、じつは本質的には仏菩薩や明王たちと何ら変わらない、と瞑想しなさい。

このようにして、あなた自身の身体が、ありとあらゆる仏菩薩や明王たちの原子からつくられたものである、という真理を体得するのです。

チベット密教のマンダラ瞑想法

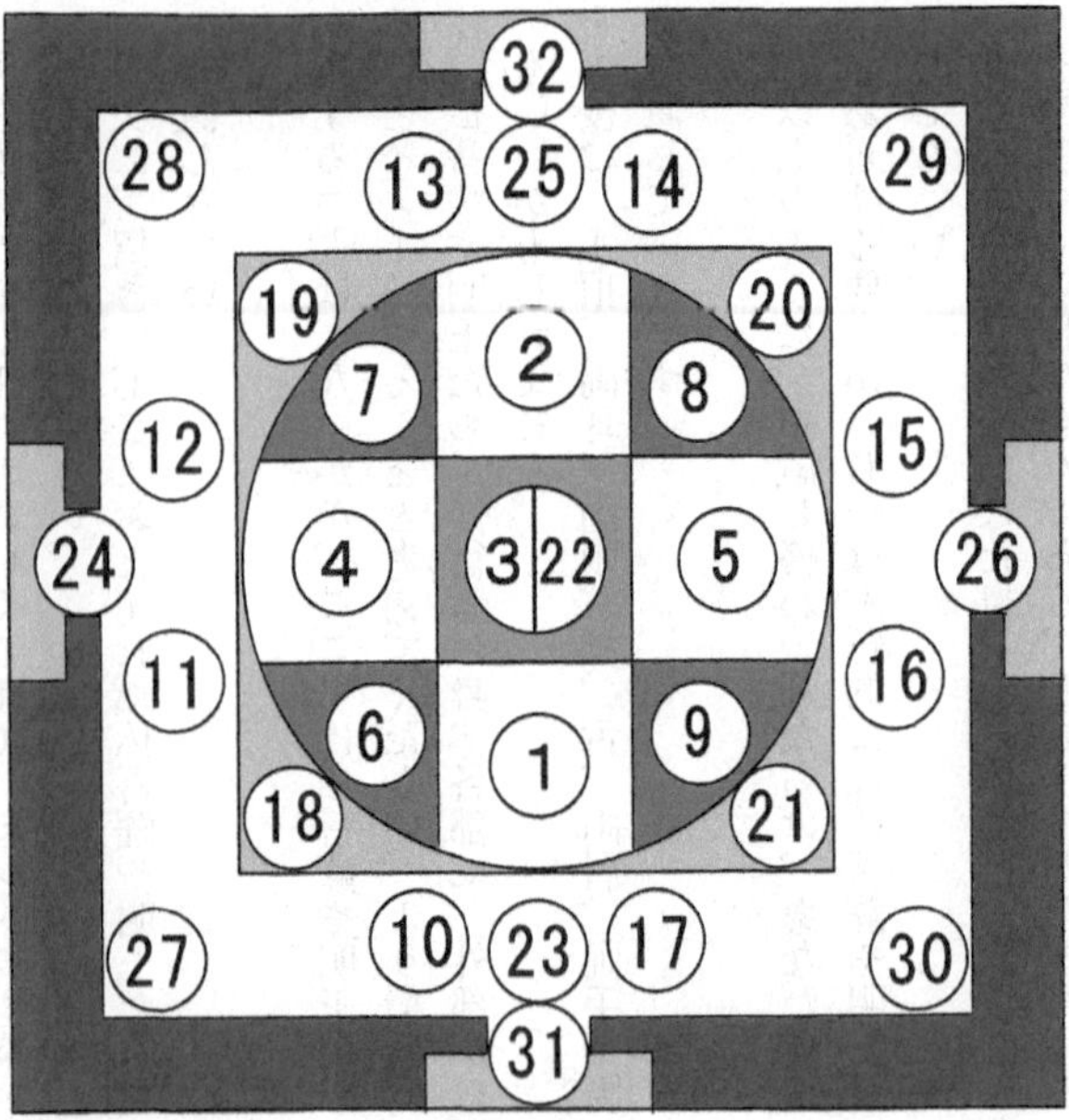

①毘盧遮那如来
②阿弥陀如来
③阿閦金剛《あしゅくこんごう》
④宝生如来
⑤不空成就如来
⑥仏眼《ぶつげん》母《も》
⑦マーマキー
⑧白衣
⑨解《げ》脱《だつ》母《も》
⑩地蔵菩薩
⑪金剛手菩薩
⑫虚空蔵菩薩
⑬世自在菩薩
⑭文殊菩薩
⑮除蓋障菩薩《じょかいしょうぼさつ》
⑯普賢菩薩
⑰弥勒菩薩
⑱色金剛女
⑲声金剛女
⑳香金剛女
㉑味金剛女
㉒触金剛女
㉓大威徳
㉔無能勝
㉕馬頭
㉖軍《ぐん》荼《だ》利《り》
㉗不動
㉘タッキーラージャ
㉙ニーラダンダ
㉚大力
㉛仏頂転輪王
㉜スンバラージャ

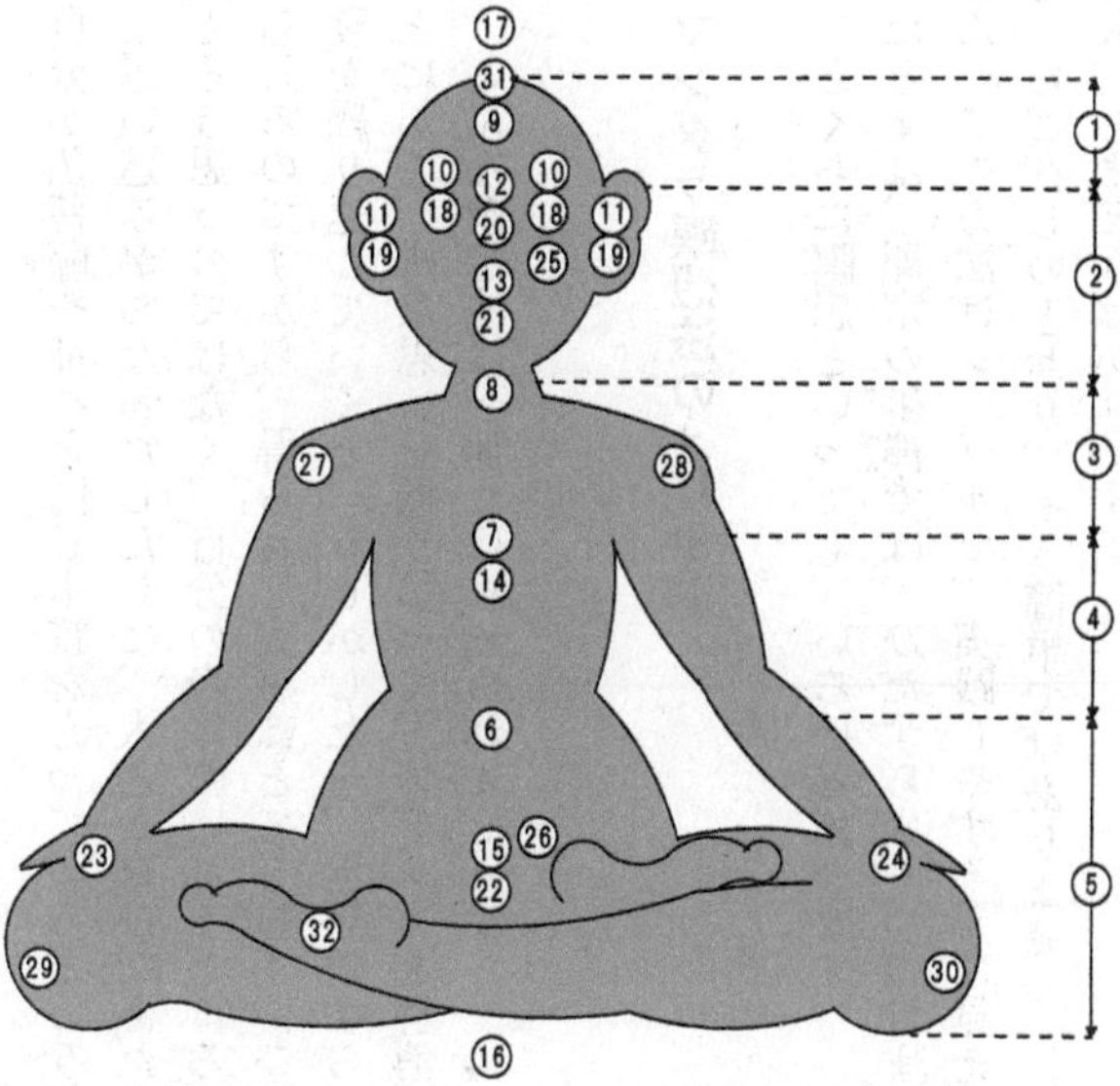

マンダラ瞑想法では、右図のようなマンダラを前にして、手に印契をむすび、口に真言をとなえ、仏菩薩や神々を心の中に産出する。32尊を①から順に産出したら、さらに上図のように、体の中に順番に「布置」する。自分の心身が尊格と同一であると確信することがねらい。

自分が仏菩薩や神々と同じ本質をもっているという認識は、自分はつまらない存在だと思い込みがちなわたしたちに、大きな喜びをあたえてくれます。しかも、ただ漠然とそう思うのではなく、自分の身体のいたるところに仏菩薩や神々が「いる」と感じられるのですから、得られる実感はとても強く、ひじょうに具体的なのです。この体験を繰り返していくと、もしかしたら、世界観すら、変わるかもしれません。

とにかく、嫌な思いを振り払って、ストレスを解消するには、絶好のすべになります。こんな瞑想法は、他には求められません。

マンダラ瞑想法のメリット

ひとくちに瞑想といっても、いろいろあります。

たとえば、禅宗の坐禅《ざぜん》では、ひたすら坐りつづけます。なにも補助手段はもちいません。この方法はシンプルで、実践しやすそうに見えます。しかし、自分で体験した方ならご存じのとおり、そう簡単ではありません。ただ、「黙って坐れ!」と言われても、とまどうばかりです。

なぜなら、坐禅のように、対象をまったく設定せずに、瞑想するのはかなり難しいからです。そこで、呼吸に注目し、吐く息と吸う息をコントロールして、集中度を高めていく方法がとられています。さらに、念仏禅や陀羅尼《だらに》禅といって、南無阿弥陀仏と念仏をとなえたり、聖なる呪文（真言）をとなえたりしながら、坐禅をする方法も試みられてきました。それでも、難易度が下がったとはいえません。

反対に、マンダラ瞑想法のように、図像を見ながら、口に真言をとなえ、手に印をむすび、心に仏菩薩の姿をありありとイメージする方法は、複雑で難しそうに見えます。でも、実際にやってみると、ほんとうは実践しやすいことがおわかりいただけると思います。

また、禅宗の坐禅では、「無念無想《むねんむそう》」と称して、自分が空っぽになる状態をめざします。いわゆる「空《くう》」の体験です。

それに対し、マンダラ瞑想法では、自分の心身が、聖なる存在である仏菩薩や神々によって満たされていることを体験しようとします。とかく現代人は、ありあまるモノやあふれる情報に翻弄《ほんろう》され、自身の立ち位置を見失って苦しみ、空虚感にも悩まされがちです。そんな苦しみや悩みには、「私は聖なるものに満たされている」という実感をもたらしてくれるマンダラ瞑想法が、よく効くかもしれません。

5章　むすびつけるということ

ここまで、3章では胎蔵マンダラを、4章では金剛界マンダラを、それぞれ論じて来ました。この章は、この両者の「むすびつき」あるいは「統合」がメインテーマです。

世界を見渡すと、自分たちとは異なる宗教・文化をもった人たちへの不寛容さが目立つようになってきました。また、「自分」という殻に閉じこもってしまい、「自分」と異なるものへの拒否感が増しているように感じられます。

日本に目を向けても、よく似た状況があります。たとえば、「自由」はわたしたちにとって、至上のテーマの一つですが、「自由」にともなうさまざまな要件を置き去りにして、「自由」だけを追い求めたせいか、個人が社会とつながる力を失ってしまっている気がしてなりません。その結果、「自由」を求めれば求めるほど、わたしたちは孤独になっているのではないでしょうか。

分断ではなく統合へ

二つのマンダラのむすびつきは、このような、わたしたちをいま悩ませている、異質なものを異質なものとして受用できるか否か、分断を克服できるか否か、という切実な課題とつながっています。もしかしたら、これらの難問を解決する道を提示してくれるかもしれません。

なぜなら、空海以降の日本密教では、胎蔵マンダラと金剛界マンダラとでは、その成り立ちもめざすところも大きく異なっていたにもかかわらず、みごとにむすびつけられ、整合性をもって語ることができるからです。ですから、学ばない手はありません。

胎蔵マンダラと金剛界マンダラの統合は、いまも述べたとおり、日本密教の生みの親となった空海に原点があります。もう少し歴史をふまえて正確にいうと、空海の師であった恵果が構想し、空海が受け継いで、発展させたようです。ようです、と曖昧《あいまい》な表現をせざるを得ないのは、恵果が著作をまったく残さなかったために、弟子の空海が為《な》し遂げた仕事から、師の恵果が果たした役割を想像しなければならないからです。

この統合は、日本密教に大きな実りをもたらしました。もし仮に、胎蔵マンダラと金剛界マンダラとが別々のままであったら、日本密教はもっと貧しい成果しか得られなかったでしょう。

(左)空海、(右)恵果
奈良国立博物館蔵、ColBase(https://colbase.nich.go.jp/)

別々のままだった可能性は、十分にありました。現に、インド密教では両者は統合されずに終わりました。インド密教の忠実な後継者となったチベット密教でも、両者の統合はまったくはかられませんでした。

さらに、胎蔵マンダラと金剛界マンダラの統合は、唐時代の中国で実現したものの、ほんの短期間に終わってしまい、長続きしませんでした。結果的に、胎蔵マンダラと金剛界マンダラを統合、より正確には両立させるというプロセスをへて、さらに統合し、そこから新たな思想や行動原理をみちびきだせたのは、日本密教だけだったのです。

胎蔵マンダラと金剛界マンダラの違い

胎蔵マンダラと金剛界マンダラは、同質性よりも異質性のほうがずっと際立っています。以下に、イメージの違いを、いくつかあげてみます。

胎蔵マンダラ	金剛界マンダラ
あたえられたもの	つくりだすもの
女性的	男性的
オーケストラ	ソリスト
他者との関わりを重視	個の確立を重視
開放系	閉鎖系
融通性を重視	完璧《かんぺき》性を追求
柔らかい構造	堅い構造
かなり大乗仏教的	いかにも密教的

このような違いは、それぞれが典拠とする聖典の違いにゆらいします。つまり、

『大日経』と『金剛頂経』の違いです。最近の研究成果によれば、この二つの密教経典は、これまで考えられてきたよりもはるかに大きな違いがあります。したがって、生まれ故郷のインドで、胎蔵マンダラと金剛界マンダラが統合されなかったのも、無理はないようです。

　そもそも、インドでは『大日経』はあまり高く評価されず、発展もしませんでした。『大日経』には、先行する大乗仏教と後発の密教とを橋渡しする性格があります。この点が密教経典としては不徹底とみなされ、評価に影響したようです。『大日経』は、もはや時代遅れとみなされたのでした。なぜかはよくわかっていませんが、インドの密教界は、七世紀の中頃から八世紀にかけての時期に、大きな転換が起こったのです。『大日経』に対する評価が低迷するのとは対照的に、密教経典になりきった『金剛頂経』に対する評価はひじょうに高いものがありました。密教経典になりきったという意味は、大乗仏教が基本的な理念としてもっていた、自己の救済よりも他者の救済を優先するという考え方を捨て、自己の救済に徹したということです。『金剛頂経』は、そのタイトルに、サンスクリット原典が『一切如来真実摂という大乗経（すべての如来が体現する真理を結集した大乗の教え）』、漢訳本でも『金剛頂一切如来真実摂大乗《こんごうちょういっさいにょらいしんじつしょうだいじょう》現証大教王経《げんしょうだいきょうおうきょう》（金剛（ダイアモンド）のごとき最高の教えの中でも最高の教えにほかならない、すべての如来が体現する真理を結集した大乗の教えを、実際に体得させる、経典の中の王座にある経典）』と、「大乗の教え」を名乗っているにもかかわらず、大乗仏教からどんどん遠ざかっていったのです。

たとえば、自己の救済に徹するあまり、悟りを求めるためであれば、戒律を無視して、性行為を修行に導入することさえ辞さないという、極端な方向性が生まれています。以来、インド密教界は、悟りか戒律か、という深刻きわまりないジレンマに悩むことになりました。結局、このジレンマはインドでは解決に至らず、後期密教を忠実に継承したチベット密教界にゆだねられましたが、チベット密教界もまた完璧には解決できず、悩み続けることになったのです。

大乗仏教から遠ざかるということは、ある意味で仏教の原点に回帰することでもありました。なぜなら、仏教の開祖、ゴータマ・ブッダがめざしたのは、あらゆる絆《きずな》を断ち切って、自身の悟りを求めることだったからです。

仏教の歴史を、大きな視点から眺めるとき、何回か転換点があり、原点からの離脱と原点への回帰が、たびたび繰り返されてきたことがわかります。遠心力と求心力の相克と表現していいかもしれません。『金剛頂経』は、まさに最後の転換点だったといえます。そして、インド密教は『金剛頂経』が開拓した路線を転換することなく、一三世紀の初頭に仏教が滅亡するまでずっと走りつづけました。

恵果が統合

これほど大きな違いのある胎蔵マンダラと金剛界マンダラの統合は、常識では無理です。実現するには、よほどの力わざが必要です。

まず第一に、描かれている仏菩薩《ぶつぼさつ》や神々の数がまったく異なります。不空《ふくう》が漢訳した『金剛頂経』が説いているのは、「成身会《じょうじんね》」とよばれるタイプの金剛界マンダラです。このマンダラに描かれている仏菩薩や神々の数は、三七です。ところが、胎蔵マンダラに描かれている仏菩薩や神々の数が、作例によっては四〇〇前後にまで達します。ですから、ペアもしくはセットにしようとしても、そのままではバランスが悪すぎて、とうてい無理です。対策を考えなければなりません。

この難問を解決するために創出されたのが、4章で述べた「九会曼荼羅《くえまんだら》」でした。「九会曼荼羅」は、インドにもチベットにもない事実を考えると、正統なものとはいえません。いいかえれば、統合を前提としないかぎり、創出されることはなかったはずです。

このようないきさつを思うと、胎蔵マンダラと金剛界マンダラの統合は、まさに無理難題でした。しかし、もし統合できれば、そこにまったく新しい世界が待ち受けている予感もします。

この無理難題に挑んだのは、すでにふれたとおり、空海の師であった恵果のようです。なぜなら、それぞれのマンダラが典拠とする『大日経』と『金剛頂経』に、バランスよく対処できたのは、恵果以外に考えられないからです。

『大日経』は、この経典をインドから持参した善無畏《ぜんむい》（六三七～七三五）が口頭で翻訳し、弟子の一行《いちぎょう》（六八三～七二七）が書きとめたと伝えられます。『金剛頂経』は恵果の師であった不空（七〇五～七七四）が漢訳しました。

密教経典の場合、象徴的な表現がよく使われていることもあって、簡単に理解できません。したがって、ただ翻訳するだけでは済まず、くわしい注釈はもちろん、儀軌《ぎき》といって修法や儀礼にまつわる規定などが欠かせません。また、必要な情報が必ずしも文字で伝達されるとはかぎりません。

マンダラも経典の文字面だけ追っていては、とうてい描けません。そこで、師と弟子のあいだでは、口伝や秘伝のたぐいもよく使われました。つまり、良い師に恵まれないと、密教は継承できないのです。

その点、恵果は絶好の立ち位置にいました。金剛界マンダラは師の不空からじかに伝授され、胎蔵マンダラも善無畏の弟子となった玄超《げんちょう》から伝授されていたからです。

じつは、不空は、『金剛頂経』を至上とみなし、『大日経』にはさして関心をいだいていなかったようです。インドへ二回も留学した経験をもち、インドにおける密教の最新情報を得ていた不空にすれば、『大日経』はもはや時代遅れとしか思えなかったのでしょう。しかし、弟子の恵果はそうは考えなかったようで、『大日経』を高く評価していました。

こうしたいきさつを考えると、恵果を除いて、胎蔵マンダラと金剛界マンダラを統合しようとした人物は見当たりません。事実、在俗の弟子だった呉殷《ごいん》が書いた恵果の伝記、『恵果阿闍梨行状《あじゃりぎょうじょう》』にも、「金剛界、大悲胎蔵の両部大教は諸仏の秘蔵、即身成仏の路なり」と、生前の恵果が語っていたとあります。そして、なにより確かな証拠は、恵果が空海に、胎蔵マンダラと金剛界マンダラをペアもしくはセットにした「両《りょう》部《ぶ》曼荼羅」を、伝授している事実です。

統合は難しい？

問題は、なぜ、恵果が胎蔵マンダラと金剛界マンダラを統合しようとしたのか、です。胎蔵マンダラと金剛界マンダラの統合は、それぞれの典拠とされる『大日経』の思想と『金剛頂経』の思想の統合を意味します。すでに指摘したとおり、両者のあいだにはそう簡単には埋められないギャップがあります。とすれば、難問です。残念ながら、すでに述べたとおり、恵果は著作をまったく残しませんでした。ですから、彼の意図は、彼が置かれていた状況、および恵果の密教を継承した空海の言動から想像するしかありません。

中国には、古い時代からすでに、二つの原理によって、すべてを説明しようとする動向がありました。典型例は、陰陽《いんよう》の思想です。世界が陰の気と陽の気から構成されていると考えるのです。気は生命エネルギーと理解すればよく、小は個人の細胞以下のレヴェルから、大は宇宙全体のレヴェルまで、ことごとく気が本質とみなします。大切なのは、陰の気と陽の気の、どちらか一方の優劣ではなく、バランスを重視する点です。

同じく中国仏教でも、二つの原理によって、すべてを説明しようとする動向がすでにありました。典型例は、『華厳経《けごんきょう》』にもとづく「理（実在）」と「事（現象）」の理論です。『華厳経』と『大日経』は、本尊がともに「毘盧遮那《びるしゃな》」を名乗ることからわかるように、親縁性があるので、その理論を導入するのに、抵抗感はなかったはずです。

これら先行する理論に、恵果が触発された可能性があるかもしれません。この点に関して、手掛かりになりそうな書物があります。『秘蔵記《ひぞうき》』です。

この書物は、成立した年代や著者をめぐって、史料的にはややあやしいところがあります。そもそも、作者が問題です。恵果の口説を空海が筆記した、不空の口説を恵果が筆記した、恵果の孫弟子にあたる文秘《もんぴ》が筆記した、空海以外の日本人密教僧が筆記した、と四説も伝えられているのです。しかし、恵果や空海が活動していたころの密教について、貴重な情報を提供してくれる書物であり、日本の真言宗ではひじょうに尊重されてきました。

この書物によれば、『大日経』と『金剛頂経』の両方系統の密教を統合するにあたり、思想よりも、マンダラに関心がより強く寄せられています。この点は、注目にあたいします。

そして、胎蔵マンダラに「理（物質的原理）」を、金剛界マンダラに「智（精神的原理）」を、それぞれ配当しているのです。「理」は、現実の物質世界といってもかまいません。「智」は、理想の精神世界といってもかまいません。この二つの原理によって、世界のありようを、ひいては如来の性格や本質を表現しようとしているのです。

もし仮に、思想よりもマンダラが優先された結果、新たな理論が生み出されたとすれば、まことに興味深いいきさつです。それほど、マンダラには強力かつ深遠な力が秘められていることになります。

空海だけが継承

密教の伝統では、師から法を伝授された弟子は、その法を忠実に継承し、さらにつぎの世代へ伝授しなければなりません。これは絶対に守らなければならない、いわば鉄則です。したがって、胎蔵マンダラと金剛界マンダラの両方を伝授された恵果としては、それをそのまま弟子に、それも長年にわたり自分が指導してきた愛弟子《まな》に、伝授するのが常道です。

ところが、恵果は必ずしも常道を踏んでいません。

恵果には千人を超える弟子がいました。しかし、自分の後継者として認定したのは、空海をふくめ、わずか六人にすぎません。これは、法の伝授はそれくらい厳密だったということをしめしています。密教は、他のタイプの仏教にも増して、資質が重視されるからです。

その六人のうち、胎蔵マンダラと金剛界マンダラを、すなわち両部のマンダラを伝授されたのは、空海のほかには、義明《ぎみよう》という名の弟子しかいません。他の四人には、どちらか一方しか伝授されませんでした。つまり、胎蔵マンダラと金剛界マンダラの両方を伝授されていても、その両方を一人に伝授する必然性はなかったようなのです。

じつは、せっかく胎蔵マンダラと金剛界マンダラを伝授されたものの、義明は若くして亡くなってしまいました。ですから、恵果から胎蔵マンダラと金剛界マンダラの両方を伝授され、後世に伝えることができたのは空海だけでした。おまけに、恵果は空海に伝授した後、まもなくこの世を去っていますから、空海は、文字どおり、空前絶後の存在になったのです。このことは、唐の次の宋《そう》時代に書かれた賛寧《さんねい》（九一九～一〇〇二）の『宋高僧伝《そうこうそうでん》』に、密教の正統は、空海によって、中国から日本に移ったという趣旨の文章が書かれている事実からも、証明できます。

憶測すれば、自分が生涯を閉じようとする直前にあらわれた空海に、抜群の天分を感じとった恵果が、胎蔵マンダラと金剛界マンダラの両方を統合するという大仕事を、託そうとしたのかもしれません。

空海が帰国後、唐から持ち帰った物品リストとして、朝廷に提出した『請来目録《しょうらいもくろく》』によると、恵果は空海を一目見るなり、「わたしは以前からあなたが唐に来ているのを知り、いつわたしを訪ねてくるか、とずいぶん長く待っていた。今日、会えて、こんなに嬉《うれ》しいことはない。寿命が尽きようとしているのに、法を伝授する人材がなかった。さっそく伝授しよう」と言ったそうです。

『請来目録』には、伝授をすべて終えたとき、恵果が、「もう唐にいる必要はない。両部の大曼荼羅などをもって、帰国しなさい。そして、国家に仕え、人々の幸福のために働きなさい」と述べたと書かれています。恵果が「両部の大曼荼羅」という表現を使っている事実は、見逃せません。やはり、空海に大きな期待をかけていたのでしょう。

空海にすれば、師から託されたからには、その大仕事を成し遂げなければなりません。密教では師の権威は絶対なので、逃げるわけにはいきません。

しかし、空海が恵果に師事できたのは、唐の貞元二十一年（八〇五）の五月末か六月初めから十二月十五日までの、ほんの短い期間でした。空海がいくら天才でも、また恵果がいくら熱心でも、この程度の時間では、伝えられることに限界があったはずです。胎蔵マンダラと金剛界マンダラの統合といっても、恵果が空海に伝えられたのは、せいぜい骨格くらいで、そこに肉付けする仕事は空海がになわざるをえなかったと思われます。

空海のマンダラ論

マンダラについて、空海は著書の『即身成仏義《そくしんじょうぶつぎ》』の冒頭で、「四種の曼荼《まんだ》は各々離れず（四種類のマンダラはおのおの不離の関係にある）」と述べています。この文言を説明するのに、空海は『大日経』と『金剛頂経』の両方を引用します。

まず、「曼荼」という言葉を、『大日経』の「(全宇宙をあまねく満たしている)すべての如来には、三種類の秘密のすがたがあります。文字と印と形像です」という文言を引用して、説明します。つまり、マンダラとは、如来の身体を、文字と印と形像で表現したものだというのです。

ついで、「四種の曼荼」を『金剛頂経』の「四種類のマンダラとは、大曼荼羅、法曼荼羅、三昧耶《さんまや》曼荼羅、羯磨《かつま》曼荼羅のことです」という文言を引用して、説明します。大曼荼羅は図像表現のマンダラであり、わたしたちが目にするのはほとんどがこのタイプです。三昧耶曼荼羅は仏菩薩や神々をシンボルで表現するマンダラです。法曼荼羅は仏菩薩や神々を、種字《しゅじ》といって、特定の梵字《ぼんじ》で表現するマンダラです。羯磨曼荼羅は彫像による立体表現のマンダラで、空海が平安京の南端に建立した東寺の講堂が、格好の事例です。

このように、空海は、『大日経』からはマンダラの本質を、『金剛頂経』からはマンダラの種類を、おのおの説明しています。また、四種類のマンダラは相互に密接な関係にあることを、『金剛頂経』によって説明しています。

また、密教の正式な継承者となるために欠かせない灌頂《かんじょう》とよばれる儀礼でも、胎蔵マンダラによる灌頂と金剛界マンダラによる灌頂の両方を課しています。いいかえれば、どちらか一方だけでは、密教の正式な継承者とは認定されないのです。

さらに、主著とされる『秘密曼荼羅十住心論《ひみつまんだらじゅうじゅうしんろん》』には、マンダラについてもっと具体的な考え方がしめされています。それは、人間が到達すべき最高の境地である「秘密《ひみつ》荘厳住心《しょうごんじゅうしん》」を説明する部分です。とても重要な内容ですので、原文の読み下しと現代語訳を引用します。


秘密荘厳住心とは、すなわちこれ究竟《くきょう》じて自心の源底を覚知し、実の如く自身の数量を証悟す。いはゆる胎蔵海会《たいぞうかいえ》の曼荼羅と、金剛界の曼荼羅となり。

（秘密荘厳住心とは、結論から言えば、こうです。みずからの心の底の底を正しく観察することであり、それを表現しているのが金剛界マンダラなのです。みずからの身体の真の姿をありのままに認識することであり、それを表現しているのが胎蔵マンダラなのです）


ここで、空海は、胎蔵マンダラと金剛界マンダラの両方に、明確な定義をあたえ、しかもどちらが欠けても最高の境地には到達できないと述べています。

これらはみな、空海が恵果から受け継いだ思想とみなして良いでしょう。

両立という選択

しかし、胎蔵マンダラとして表現された『大日経』系統の密教と、金剛界マンダラとして表現された『金剛頂経』系統の密教を、統合するのは簡単ではありませんでした。少なくとも、一つの確固たるシステムを築き上げ、その中に完璧《かんぺき》な整合性をたもったまま位置づけるのは、無理だったようです。

結論から先にいってしまうと、空海は両者を、統合というより両立させたのです。では、なぜ、空海が両立という道を選んだのか。その理由は、胎蔵マンダラと金剛界マンダラのあいだには、けっして埋めきれないギャップがあると認識していたからだと思います。

この認識は、今回の初めのところで述べた最近の研究成果とも、合致しています。さすが空海というべきかもしれませんが、じつは空海のほかにも、このことに気付いていた人物がいました。法相宗《ほっそう》の僧侶《そうりょ》で、空海や最澄《さいちょう》と論争を展開した徳一《とくいつ》（生没年不詳）です。

徳一は著書の『真言宗未決文《しんごんしゅうみけつもん》』にあわせて十一の疑問点をあげて、空海の密教を批判しています。とりわけ、「第三即身成仏疑」という箇所が問題です。密教も大乗仏教であるかぎり、慈悲にもとづく他者救済の実践がなければ、悟りは得られないはずなのに、密教には慈悲にもとづく他者救済の実践が欠けているというのです。

この批判は、胎蔵マンダラがあらわしている思想にはあてはまりません。なぜなら、『大日経』は、3章でふれたとおり、「悟りを求める心こそ行動の動機であり、大いなる慈悲こそ根本であり、実践にこそ最高の価値がある」と主張しているからです。わかりやすい現代の用語でいえば、社会性があります。

しかし、金剛界マンダラがあらわしている思想は、徳一の批判にあてはまってしまいます。なぜなら、個あるいは内面に関心を集中させるあまり、他者の存在に無関心な傾向が否めないからです。つまり、社会性がありません。

となると、胎蔵マンダラと金剛界マンダラを統合するのは、やはり無理という話になります。そうなると、どちらか一方を選ばざるをえません。それを考えれば、インド密教が、『大日経』系統の密教をあっさり捨ててしまい、『金剛頂経』系統の密教だけを発展させたのも、当然の成り行きだったのです。

いずれにしても、徳一の批判は、空海に深刻な影響をおよぼしたようです。明敏な空海にしてはすこぶる珍しく、この批判にまともにこたえず、はぐらかした感が強いのは、かえって受けた衝撃の大きさを物語ります。

といっても、師の恵果から受け継いだ両部の密教を廃棄するわけにもいきません。

そこで、両部という発想を、完全な統合というよりも、両立という方向へ転換させた可能性があります。つまり、胎蔵マンダラからは、慈悲にもとづく他者救済という大乗仏教の根本理念を、金剛界マンダラからは、他のタイプの仏教では決してかなわない即身成仏という密教の独壇場を、両立させようとしたのです。

そこには、違いは違いとして、異質なものは異質なものとして、そのまま受けいれることで、両者を生かす道を、空海が模索した形跡がうかがえます。

結果は大成功

この選択は、宗教哲学の見地からすれば、綱渡りに近いものでしたが、結果的には大成功をおさめました。もし、空海が、胎蔵マンダラと金剛界マンダラのうち、どちらか一方だけを選んでいたとすれば、日本密教はさしたる成果を上げないまま、歴史のかなたに埋もれていったかもしれません。

空海の場合、両立は使い分けとほとんど同じ意味をもっていたと思われます。そして、胎蔵マンダラと金剛界マンダラを、ときには一緒に、ときには別々にというぐあいに、もののみごとに使い分けています。

まず、密教の大きな儀礼では、胎蔵マンダラと金剛界マンダラを、二つとも必ずもちいることを求めています。また、詩文集の『性霊集補闕鈔《しょうりょうしゅうほけつしょう》』巻九の「高野建立の初の結界《けっかい》の時の啓白《けいびゃく》の文」には、「金剛秘密教によって、両部の大曼荼羅を建立したい」と書かれています。これらは、師の恵果から受け継いだ両部という発想を、表面上は維持するための、いわば立て前といえます。

そのいっぽうで、空海は胎蔵マンダラと金剛界マンダラを使い分けます。同じく詩文集の『性霊集《しょうりょうしゅう》』巻一の「山に遊んで仙を慕う詩　並びに序」には、「高野山こそ金剛界マンダラにほかならない」という意味のことを述べています。

よく知られているように、空海には、高野山と平安京の東寺という二つの拠点がありました。平安京の東寺は、鎮護国家といって、国家の安危をつかさどる儀礼を遂行したり、密教に関する情報を外に向かって発信したりするための場として、設定されました。高野山はひとり静かにマンダラ瞑想《めいそう》法を実践して、悟りを求める場として、設定されました。

この位置づけを考えれば、空海が高野山を金剛界マンダラとみなしたのは、ごく当然な措置といえます。とすれば、空海自身は明言していませんが、平安京の東寺が胎蔵マンダラにあたると考えても、それほどまちがってはいないはずです。

また、ご存じのとおり、日本仏教の歴代僧侶の中で、空海くらい社会的な実践につとめた人物はいません。満濃池《まんのういけ》の修復事業、身分に関係なく誰でも学べる綜芸種智院《しゅげいしゅちいん》の創設と経営など、その業績は圧倒的です。空海をこうした社会的な実践に駆りたてたのは、胎蔵マンダラの典拠となる『大日経』の「三句の法門」、つまり「理屈抜きで、眼前に苦しむ者を救え」という教えでした。

理論面でも、使い分けが見られます。たとえば、主著の『秘密曼荼羅十住心論』をより簡潔、かつより明晰《めいせき》にまとめた『秘蔵宝鑰《ひぞうほうやく》』が、その典型例です。

この書物は、性欲や食欲など、本能が求める欲望のみに支配された心が、道徳や宗教に目覚め、初期仏教から大乗仏教へと発展し、ついには密教の教えにいたるまでを、十段階に分けて論じています。空海はそのうち、第九段階までの教えを、胎蔵マンダラが典拠とする『大日経』の文言を主に引用して説明します。

ところが、第十段階に位置する密教の教えだけは、『大日経』の文言にくわえ、金剛界マンダラが典拠とする『金剛頂経』の文言を引用して説明しています。そして、四種類の金剛界マンダラを対象とする瞑想法こそ、即身成仏の秘法にほかならないと語るのです。

以上のとおり、空海は、胎蔵マンダラと金剛界マンダラを両立させたうえで、使い分けています。まさに適材適所という印象です。

両部不二の対応関係

	胎蔵マンダラ	金剛界マンダラ
大日如来の性格	理法身	智法身
あらわす世界	実相	理想
世界の性質	同一	差異
種　字	阿(ア)	鑁(バン)
描かれる場所	胎	心
仏菩薩の座	蓮華	月輪
六大要素	地水火風空	識
適応の対象	衆生	仏

二つで一つの「両部不二」

空海が開拓した日本密教はやがて、胎蔵マンダラと金剛界マンダラから構成される両部のマンダラが、同一の真理の異なる二つの局面をあらわしているとみなすようになりました。これを専門用語では「両部不二《りょうぶふに》」といいます。すでに指摘したように、空海は「両部」とはいいましたが、「両部不二」とまではいっていません。「両部不二」という言葉がつかわれるようになったのは、平安時代の末期に、覚鑁《かくばん》（一〇九五～一一四三）という僧侶が登場して、真言密教の再構築をはかって以降のようです。

完成された「両部不二」の理論では、

胎蔵マンダラと金剛界マンダラに、前頁の表のような対応関係が設定されています。

難しい言葉があるので、説明します。

胎蔵マンダラの「理法身《りほっしん》」の「理」は、真理の理、道理の理の意味です。したがって、「真理そのものを身体とする仏」のことです。なお、「理法身」というときの「理」には、理想という意味合いはありません。胎蔵マンダラの理論では、自然現象が起こることも動植物が生き死にすることも、すべてがこの理法身の作用に帰せられます。この世の森羅万象すべては、胎蔵大日如来によって、受胎され、育《はぐく》まれ、生み出され、活動しているのです。

これが、わたしたちがいま生きている世界の真実のすがた、つまり「実相」です。

あるがままの姿といってもかまいません。

「阿（ア）」は、胎蔵大日如来を象徴する梵字、すなわち種字とよばれる特別な文字です。

この世がいかに多種多様なものに満たされていようとも、その根源をたどっていけば、最終的にはみな胎蔵大日如来に到達します。その意味で、すべては平等といえます。これを、伝統的な教学では「理平等《りびょうどう》」と表現してきました。

「胎」は胎蔵マンダラの「胎」ですから、直接的には女性の子宮を意味しますが、もう少し視野を広げると、身体という意味になります。

「蓮華《れんげ》」は女性のシンボルです。

「地水火風空」は、この世界を構成している基本要素です。空海の理論では、この世界は「六大《ろくだい》」といって、「地水火風空」の物質的な要素にくわえ、「識（意識）」という精神的な要素が想定されています。この世界は、物質的な要素だけではなく、精神的な要素が加わって、初めて成立するという発想は前代未聞で、空海の独創といわれています。

「衆生《しゅじょう》」は、わたしたち生きとし生けるもののことです。胎蔵マンダラがこの世の現実をあらわし、悟りにはいたっていない者たちばかりがいるという意味で、こう設定されています。

金剛界マンダラの「智法身《ちほっしん》」の「智」は、ありとあらゆる事物の本性を見抜く「智恵」という意味です。したがって、「智法身」とは、「ありとあらゆる真理を知る智恵を身体とする仏」のことです。密教にかぎらず、仏教では「智恵」の獲得こそ悟りを得るための必須《ひっす》条件とされます。まして、なにより悟りを志向する金剛界マンダラでは、「智法身」が特に重要なのです。

金剛界マンダラは、密教的な価値観から見て、「理想」の世界をあらわしています。金剛界マンダラが、胎蔵マンダラと比べると、対称性が強く、ずっと秩序だっていているのは、そのためです。

「鑁（バン）」は、金剛界大日如来を象徴する梵字、すなわち種字とよばれる特別な文字です。

「差別《しゃべつ》」は、「智」の働きが、ものごとの相違を正しく判別することにあるので、こういいます。現代人の感覚では、「差別」というと、なにやら忌まわしいイメージがありますが、ここでいう「差別」にはそういう意味は含まれていません。むしろ、「心」は、胎蔵マンダラが身体の外に描かれるのに対し、金剛界マンダラが心の中に描かれることと関連しています。

「月輪《がちりん》（満月）」は、金剛界マンダラに描かれる仏菩薩や神々が、どれも満月の中に坐《ざ》していることと関連しています。また、「月輪」は心の象徴でもあります。

「識（意識）」は、さきほど説明した「六大」のうち、精神的な要素のことです。

「仏」は、金剛界マンダラが理想の世界をあらわしていますから、そこにいるのは、悟りを得た仏だけなのです。

ここで注目すべきは、「両部不二」の理論によると、この世のあるがままの姿とあるべき姿が、平等性と個性が、身体と心が、物質と精神が、つねに不即不離の関係にあることです。わかりやすくいうなら、別々でもなく、べったり一緒でもないのです。ともすると、どちらか一方に、しかも大概は心理的に悪い方向へと傾きがちなわたしたちにとって、これは大きな救いです。不測の事態に遭遇して、悩んでいるとき、苦しんでいるときに、立ち直るきっかけをあたえてくれそうです。

二つの要件を満たす「両部不二」

「両部不二」という理論が登場してきた背景には、空海の後継者たちが、空海ほど、胎蔵マンダラと金剛界マンダラのギャップを気にしなかったせいなのかもしれません。そして、このややゆるい感性が、マンダラに新たな可能性をもたらしたことも、たしかな事実です。別の言い方をするなら、ずっと日本的になったのです。

現代を生きるわたしたちにとっても、「両部不二」のほうが、利用価値が大きいのは事実です。こまかい相違は、いったん横に置いて、胎蔵マンダラと金剛界マンダラを、じっと眺めてみるのも、悪くありません。

なぜなら、わたしは二一世紀の宗教には、二つの要件が欠かせないと考えているからです。

①社会的な規範の提供
②個人の精神的な救済

もちろん、現実には、完璧にこの二つの類型に分類できるわけではありません。いいかえれば、個人の精神的な救済だからといって、個人以外の存在、すなわち他者あるいは他者によって構成される社会を、まったく無視することはできません。また、社会的な規範の提供だからといって、個人の精神的救済とまったく無縁では、宗教は成り立ちません。社会的な規範と個人の精神的な救済は、複雑に絡み合う関係にあります。

もちろん、宗教によって、優先順位があることも、否定できません。セム型一神教（アブラハムの宗教＝ユダヤ教・キリスト教・イスラム教）や中国の儒教や日本の神道は、①を優先します。仏教は、②を優先します。

しかし、この傾向が、仏教が社会性に欠けがちで、現実への働きかけに乏しく、ともすると社会の変動にうまく対応できない原因になってきたことも、否めない事実です。だからといって、セム型一神教を真似しろ、とはいいません。①と②のバランスを、うまくとったほうがいい、と申し上げたいだけです。

その点、胎蔵マンダラと金剛界マンダラというペアもしくはセット、とりわけ「両部不二」の理論によって裏打ちされた両部のマンダラは、この二つの要件をみごとに満たしています。あらためて言うまでもなく、①社会的な規範の提供は胎蔵マンダラが、②個人の精神的な救済は金剛界マンダラが、それぞれになってくれます。

この点に関して、知っておくべき歴史的な事実があります。4章でも空海の見解として指摘し、この5章でも冒頭のところで重ねて指摘したことですが、とても重要なことなので、あえて繰り返します。

それは、完全な密教になりきってしまった金剛頂経系の密教の末路です。このタイプの密教は、個人の悟りを優先するあまり、社会性を失ってしまったのです。その結末は、文字どおりの袋小路でした。僧院の片隅で、あるいは在野のごくわずかな密教行者のあいだで、ひそやかに伝承されるだけとなり、人々の支持を得られなくなっていったのです。

仏教に限らず、宗教の領域では、禁欲と尊敬は、不可分の関係にあります。常人ではできない禁欲を貫くからこそ、その人物は尊敬にあたいするとみなされます。それなのに、悟りのためならばといって、戒律を無視し、修行に性行為を導入してしまう密教僧を、いったい誰が尊敬するでしょうか。このいきさつは、インド仏教が衰退し、やがて滅亡したことと、まったく無縁とはいいきれません。

金剛頂経系の密教をさらに発展させた、いわゆる後期密教を継承したチベット密教界も、その扱いに苦慮してきました。わたしはたびたびチベットを訪れ、密教が一般の人々と、どうかかわっているか、を観察してきましたが、その答えは否定的にならざるを得ません。なぜなら、一般の人々にとって、密教は、密教僧だけがもつとされる呪術《じゆじゆつ》的な力に期待することをのぞけば、ほとんど縁がないからです。

マンダラも、同じように、一般の人々にとっては縁がありません。後期密教のマンダラは、男女の仏菩薩が抱き合う姿を描いていることもあって、一般の人々は見ることさえ許されないのです。

それを思えば、日本密教が、空海という天才を得て、あるいは覚鑁という人材を得て、胎蔵マンダラと金剛界マンダラを「両部不二」という理論とともに、受け継いできたのは、とても幸せなことだったのです。

6章　わたしたちはどう生きるべきか

これまで5章にわたって、マンダラをさまざまな視点から論じてきました。いままでのマンダラ論とは方向性がかなり異なっていましたので、とまどった方があるかもしれません。しかし、これくらい思い切ったことを試みないと、二一世紀を生きるわたしたちに、心身両面の糧《かて》をあたえてくれるマンダラ論は展開できないと考え、あえて挑んでみたのです。

1章の最後で指摘したとおり、マンダラに描かれているのは、もっぱら「生」の世界です。「死」は存在しません。マンダラが生きる力に満ちている理由の一つは、このあたりにあるのかもしれません。

また、5章では、胎蔵マンダラと金剛界マンダラというペアもしくはセット、とりわけ「両部不二」の理論によって裏打ちされた「両部マンダラ」こそ、究極のマンダラであり、わたしたちはそこから多くの糧を得られると述べました。

最終の今章は、それをふまえて、わたしたちがどう生きるべきか、マンダラから答えを導き出したいと思います。

でも、その前に知っておいたほうが良いことがあります。空海や彼の後継者たちが開拓した「両部マンダラ」が、究極のマンダラであることにまちがいありませんが、マンダラには別の展開もありました。そして、それは「両部マンダラ」と異なる領域や意味で、わたしたちに豊かな糧をあたえてくれる可能性を秘めています。

とりわけ、わたしたち日本人の自然観について、とても端的に描き出しているマンダラがあります。1章でほんの少しだけふれた「宮曼荼羅《みやまんだら》」です。

日本密教の胎蔵マンダラは、チベット密教では不可能だった「自然の取り込み」に成功しました。これはマンダラの歴史を俯瞰《ふかん》するとき、画期的な出来事でした。しかし、この場合の自然は、神格化された九曜・十二宮・二十八宿という天体に限定されていました。たしかに、天体も立派な自然ですが、わたしたちがイメージする自然とは距離があります。しかも、マンダラの端のほうに描かれているに過ぎません。いいかえれば、メインテーマにはなっていません。

自然がマンダラのメインテーマになるためには、いくつかの段階が必要でした。さらに、「両部マンダラ」とは別系統のマンダラから生まれてきたようです。まずは、そのあたりから話をはじめましょう。

日本独特の「宮曼荼羅」

マンダラの特徴の一つは、整然とした幾何学的な形態です。ところが、幾何学的な形態とは無縁なマンダラがあるのです。最も原初的な作例は、楼閣を斜め上から見下ろし、そのなかに、本尊と脇侍《きょうじ》をならべる三尊形式の仏たちを描いています。

このタイプのマンダラは、礼拝用の仏画とマンダラの中間的な存在と考えられていて、研究者のあいだでは「叙景《じょけい》曼荼羅」と呼ばれています。現存する作例は、日本にしかありませんが、かつてシルクロードのオアシス都市として栄えたハラホトから出土した「宝楼閣《ほうろうかく》曼荼羅」が、同じタイプであることがわかっています。マンダラ研究の第一人者、田中公明《たなかきみあき》氏は、このタイプの「叙景曼荼羅」から、やがて大規模な幾何学的構造をもつマンダラが出現したのではないか、と推測しています（田中公明『両界曼荼羅の誕生』春秋社）。

このように、「叙景曼荼羅」はマンダラの原型として出現した可能性があるようですが、それとは別に、「叙景曼荼羅」にひじょうによく似たタイプのマンダラが、二つ、日本に登場しました。

一つは、死後の理想世界である浄土の景観を描いた「浄土曼荼羅」です。「浄土曼茶羅」については、3章の「自然との一体化　胎蔵マンダラの世界」でとりあげました。中国で誕生した「浄土変相図」の、いわば日本版であり、浄土は完璧《かんぺき》な人工環境であって、自然はないと考えられていたので、「浄土曼荼羅」に、原則として、自然は描かれていないことも、述べました。

ところが、その原則が次第に無視されるようになりました。日本の「浄土曼荼羅」は、時代が後になればなるほど、人工的な部分が少なくなっていく傾向が見られるのです。また、中世にさしかかるころから植物をはじめ、日本のそここで見られるような自然が描かれるようになっていきました。

「叙景曼荼羅」にひじょうによく似たタイプのマンダラのうち、もう一つは、神社や寺院の風景とそこに祀《まつ》られている神仏を描いていて、「宮曼荼羅」と呼ばれるタイプのマンダラです。「宮曼荼羅」は、斜め上から見下ろした風景描写という点では、「叙景曼荼羅」とまったく同じ構図が採用されています。

この「宮曼荼羅」には、自然がたっぷり描かれています。ただし、自然とはいっても、「宮」という言葉が付いていることから想像されるように、神社や寺院といった宗教施設がもうけられている自然に限定されています。いいかえれば、自然だけが単独で描かれることはありませんでした。

興味深いのは、自然と人工の比率です。このタイプのマンダラでは、樹木や山を中

『山王宮曼荼羅』奈良国立博物館蔵
ColBase（https://colbase.nich.go.jp/）

心に、画面上に自然が占める面積が、神社や寺院の建物、あるいは神仏のすがたが占める面積よりも、大きい作例がいくらでもあります。ですから、特別な自然という条件付きではあるものの、人工に対する自然の優位がうかがえます。

「別尊曼荼羅」

「宮曼荼羅」が登場した時期は、鎌倉時代から後です。つまり、胎蔵マンダラや金剛界マンダラが日本に定着してからかなり後にならないと、このタイプのマンダラは描かれなかったのです。

では、どういういきさつから、「宮曼荼羅」は描かれることになったのでしょうか。この点は、二つの方向から考える必要があるようです。一つは「別尊曼荼羅《べつそんまんだら》」、もう一つは「神仏混淆《しんぶつこんこう》」です。前者は、日本におけるマンダラの展開もしくは発展にかかわります。後者は、日本における宗教思想の展開もしくは発展にかかわります。

まず、「別尊曼荼羅」です。この場合の「別」は、胎蔵マンダラや金剛界マンダラの中心部に、本尊として描かれる大日如来とは「別」の仏菩薩《ぶつぼさつ》や神々という意味です。胎蔵マンダラや金剛界マンダラには、じつにさまざまな仏菩薩や神々が描かれています。「別尊曼荼羅」では、そのなかから、目的や用途に応じて、特定の仏菩薩や神々を選び出し、本尊として中心に、その周囲に関連する仏菩薩や神々を、配置しています。

大日如来は万能ですが、格が高すぎて、おいそれとはお願いできません。その点、他の仏菩薩や神々はそれぞれ得意な分野があるので、いわば使い分けができると考えられたのです。しかも、密教には「等流《とうる》身《しん》」という理論があります。

等流身の「等流」は「等同流類」の略語で、相手のレヴェルに合わせて、まったく同等の姿に流動するという意味です。大日如来は、この世の生きとし生けるものすべてを救済の対象としていますが、すなおに如来のかたちをとることはほとんどありません。文字どおり相手のレヴェルに合わせて、子どもには子どもの姿で、老人には老人の姿でというぐあいに、ありとあらゆるものに姿を変えてあらわれ、生きとし生けるものすべてに真理を説くという理論です。この理論を使えば、どんな姿形も許されます。

目的や用途の具体的な例をあげましょう。大概は、いわゆる現世利益です。五穀豊穣を祈る、戦勝を祈願する、病気を治す、安産を祈願する、雨を降らす、雨を止める、非業の死を遂げた人物が怨霊《おんりょう》となって祟《たた》るのを防ぐ、もののけ退治、鎮魂などです。ときには、きわめて個人的な祈願もありました。たとえば、恋愛の成就とか、その反

『大仏頂曼荼羅』奈良国立博物館蔵
ColBase(https://colbase.nich.go.jp/)

対に恋愛関係を清算するとか、あるいは恋仇《こいがたき》を懲らしめるとか、昇進の祈願とか、まさにいろいろでした。

構造の面から見ると、「別尊曼荼羅」には二種類あります。一つは胎蔵マンダラや金剛界マンダラを真似たタイプ、もう一つは胎蔵マンダラや金剛界マンダラとは異なるタイプです。

注目すべきは後者のタイプです。建築物や自然の景観を描いている作例が、かなりあるのです。「宝楼閣曼荼羅」や「請雨経曼荼羅《しょううきょうまんだら》」などです。しかも、通常のマンダラが仏菩薩や神々がつどう楼閣(宮殿)を、真上から見下ろし、平面図として描かれているのに対し、やや斜め上から見た角度で、立体的に描かれていて、奥行きが感じられます。

「大仏頂曼荼羅《だいぶっちょうまんだら》」では、本尊の下に、インド仏教の宇宙論では宇宙の中心にそびえているとされる須弥山《しゅみせん》、そして須弥山をとりまく大海が描かれています。奈良国立博物館が所蔵する「大仏頂曼荼羅」(一二世紀)では、竹や花などが配される広々とした自然景観が描かれ、画面中央の円相内には須弥山の上に坐《ざ》す大日金輪《だいにちきんりん》が、その上方の円相内には釈迦《しゃか》金輪が、配置されています。

これらのマンダラでは、マンダラの特徴であるはずの上下左右の対称性は、ほとんど無視されています。その結果、「曼荼羅」というタイトルが付けられていなければ、マンダラとは思えない図像になっています。ですから、これらのマンダラを「宮曼荼羅」の先行形態とみなしても良いような気がします。

神仏混淆

「宮曼荼羅」を考えるうえで、欠かせないもう一つの方向は神仏混淆です。神仏混淆は、以前は神仏習合《しゅうごう》と表現されてきましたが、近年の研究によると、神仏習合という用語が使われ始めたのは、二〇世紀に入ってからのことです。ようするに、すこぶる新しい概念にすぎず、日本の伝統的な仏と神に対する信仰のあり方を、正しく反映していないのです。

つまり、日清《にっしん》戦争（一八九四～九五）と日露《にちろ》戦争（一九〇四～〇五）を経てナショナリズムが高揚して国民統合が強化された時代に、神道と仏教が対等に「習合」する二項対立の概念として「神仏習合」の用語が出現し、明治維新の「神仏分離」の正統性を説明する概念となったのです。明治維新の「神仏混淆」から「神仏判然」へという実態が、「神仏習合」から「神仏分離」へという理念や説明に切り替わり、神道の仏教に対する優越や、「習合」を負の表象とする意味合いが含み込まれているのです。

「宮曼荼羅」を見れば一目瞭然《りょうぜん》な事実があります。神と仏は対等ではないのです。明らかに仏が優位で、神が劣位です。序列がはっきりしています。したがって、神道と仏教が対等に「習合」することは、ありえなかったのです。そこで、神仏習合ではなく、神仏混淆という用語を使おう、と研究者たちのあいだで主張されています。本書もそれにならいました。

そもそも、日本に初めて仏教が伝来したとき、日本人は仏を、神として受容しました。その証拠に、仏教公伝を語る『日本書紀』の欽明《きんめい》天皇一三年の条には、仏のことを「蕃神《ばんしん》」と記しています。「蕃神」は「あたしくにのかみ」と訓《よ》み、「外来の神」を意味していました。

その後、次第に仏教に対する理解もすすみ、神と仏はちがうことを知りましたが、両者をはっきり分けて、対立させるよりも、両立させるべき存在として把握する道が主流になりました。きっかけをつくったのは、やはり空海でした。空海は高野山を開くにあたり、地主神である狩場明神《かりばみょうじん》と丹生《にう》明神を祀りました。以来、空海を開祖とする真言宗では、いまに至るまで、この二柱の神を尊崇しつづけてきました。

京都西郊の神護寺《じんごじ》が所蔵する「僧形八幡神像《そうぎょうはちまんしんぞう》」には、こんな伝承があります。空海が九州の宇佐《うさ》宮に詣《もう》でたとき、空海の眼の前に八幡神が姿をあらわした。空海と八幡神は、互いの姿形を画像に写し、これを「互いの御影《みえい》」と称して、神護寺に伝えているというのです。現存の「互いの御影」は、制作技法の研究成果から、鎌倉時代に古い作品を忠実に模写したものと推測されているので、この伝承にはかなり信憑性《しんぴょう》があります。

神と仏を両立させる動きは、支配階層を構成していた貴族たちによってもすすめられました。貴族の多くは、祖先を祀る氏神《うじがみ》と一族の繁栄や供養を祈願する氏寺《うじでら》という、二つの宗教施設をもつことになったからです。

そうなると、特定の神と仏のあいだに、より密接な関係が構想されるのは当然の成り行きです。それが「本地仏《ほんじぶつ》」の設定でした。「本地」とは、本当のありかたとか真実のすがたを意味します。つまり、日本の神々は、本当は仏教の仏菩薩なのであり、日本の実情に合わせて、仮のすがたであらわれた存在だという発想です。そして、仮のすがたであらわれることを「垂迹《すいじゃく》」といいます。

具体的な例をあげましょう。平安時代にながらく権力の頂点に君臨した藤原《ふじわら》氏は、奈良の春日大社《かすがたいしゃ》と興福寺《こうふくじ》を、氏神と氏寺にしました。そして、春日大社に祀られている五柱の神々に、それぞれ対応する仏菩薩を設定したのです。

武甕槌命《たけみかづちのみこと》　不空羂索観音《ふくうけんじゃく》もしくは釈迦如来
経津主命《ふつぬしのみこと》　薬師《やくし》如来

天児屋根命《あめのこやねのみこと》　地蔵《じぞう》菩薩
比売神《ひめがみ》　十一面観音
若宮《わかみや》　文殊《もんじゅ》菩薩

一方、階層を問わず尊崇の対象になった聖地が、紀伊《きい》半島南部の熊野です。とりわけ、平安時代の末期あたりからは、人々の列がいつまでも途切れないので、「蟻の熊《くま》野詣《のもうで》」といわれたほど、多くの人々が参詣《さんけい》しました。この熊野でも、「熊野三山《さんざん》」と呼ばれる三箇所の神社すべてに、本地仏が設定されたのです。

本宮《ほんぐう》大社　阿弥陀如来
速玉《はやたま》大社　薬師如来
那智《なち》大社　千手観音

「宮曼荼羅」から「参詣曼荼羅」へ

こうして、自然にかこまれた神社や寺院の建築物を背景に、そこに祀られている神々の本地仏を、あるいは神々と本地仏をいっしょに、描き出した画像が「宮曼茶羅」です。描かれた時代は、平安末期から鎌倉時代をへて、室町《むろまち》時代の前期におよぶようです。

春日信仰では「春日宮曼茶羅」や「春日社寺曼茶羅」などが、熊野信仰では「熊野宮曼茶羅」や「熊野本地仏曼茶羅」などが、つぎつぎに登場しました。そのほかにも、比叡山《ひえいざん》の東麓《とうろく》にある日吉《ひえ》神社（現・日吉《ひよし》大社）を尊崇の対象とする山王《さんのう》信仰で、「山王宮曼茶羅」や「山王本地仏曼茶羅」などが描かれたのをはじめ、日本各地で、さまざまな「宮曼茶羅」が出現しました。

「宮曼茶羅」の形態は縦長です。それもかなり極端で、掛け軸に近い形状です。横長の作例もありますが、ごくわずかにとどまります。

構図はまさにさまざまです。画面の上部に、満月に似た「円相」を配置し、そのなかに本地仏を描くタイプ。画面のいちばん上のところに、本地仏や神々を横並びに描くタイプ。画面全体に自然豊かな神域を描き、そこに点々と本地仏や神々を描くタイプなどがあります。これらのマンダラでは、マンダラの特徴であったはずの対称性や幾何学的な構図は、完全に失われています。

神々や仏菩薩が騎乗する白象や獅子《しし》などの聖獣を唯一の例外として、マンダラには けっして描かれてこなかった動物が、堂々とメインテーマになっているマンダラもあります。「春日鹿曼荼羅」です。神が出現する際の「よりしろ」となる神籬《ひもろぎ》や神鏡を背に載せた鹿が、画面の中心に、横を向くかたちで、大きく描かれています。

さらに、「社寺曼荼羅」と呼ばれるタイプのマンダラでは、自然の景観と社寺だけが描かれていて、もはや神々も本地仏も描かれてはいません。まるで、絵巻物に代表される「大和絵《やまとえ》」を見ているようです。事実、「大和絵」からの影響を指摘する説もあります。ともあれ、こうなると、「曼荼羅」という呼称が付いていなければ、誰もマンダラとは思わないでしょう。

「宮曼荼羅」タイプのマンダラは、「参詣曼荼羅《さんけいまんだら》」もしくは「社寺参詣曼荼羅」と呼ばれるタイプのマンダラの登場をもって、最終段階に入ったようです。それは同時に、マンダラという表現スタイルが到達した最終段階だったともいえます。

「参詣曼荼羅」は、その名がしめすとおり、日本各地の有名な神社や寺院、あるいは霊場などへの参詣をよびかけ、寄付をつのるために作成されました。いわば、案内絵図です。時期的には一六世紀から一七世紀ですから、中世末期から近世のはじめころの時代です。

代表的な作例としては、「伊勢《いせ》参詣曼荼羅」、「富士《ふじ》参詣曼荼羅」、「那智参詣曼荼羅」、「高野山参詣曼荼羅」、「立山《たてやま》曼荼羅」などがあります。

「参詣曼荼羅」の特徴は、たんなる絵図ではないことです。神社、寺院、霊場のゆら

『春日鹿曼荼羅』奈良国立博物館蔵
ColBase（https://colbase.nich.go.jp/）

『立山曼荼羅』吉祥坊本

（富山県［立山博物館］蔵、国指定重要有形民俗文化財）

いや縁起にまつわる物語から、そこでいとなまれる仏事神事や祭礼などの情報、名所や旧跡まで、こまごまと描き込まれていました。

もちろん、対称性や幾何学的な構成は、画面のどこにも見当たりません。にもかかわらず、「曼荼羅」と呼ばれてきた理由は、画面の上に、多種多様な題材がこまごまと描き込まれているからのようです。いまでも、マンダラについてよく知らない方々は、いろいろなものがこまごまと描き込まれている絵と思っているようですが、そういう理解が生まれてきた原因は、「参詣曼荼羅」にもとめられるかもしれません。

設置される場所や使われる目的の面でも、「参詣曼荼羅」はすこぶる特徴的です。なぜなら、従来のマンダラが、どこか特定の場所に固定されていたのとはちがい、参詣をよびかけ寄付をつのる専門職によって、日本の津々浦々に持ち運ばれ、人々を集めては、その前にかかげられ、いわゆる「絵解き」に使われたからです。

本来、マンダラは、資質に恵まれたと認定されたエリート密教僧が、瞑想《めいそう》にもちいるために開発され、おおむね秘密裏に伝承されてきました。それを思うと、その落差には驚くばかりです。おそらく、マンダラには、もともとそれくらい豊かな可能性や発展性が秘められていたのでしょう。

さらに大きな点は、以上のようなマンダラの歴史的な展開が、日本でしか起こらなかったという事実です。その原因を考えることは、わたしたち日本人の精神世界を解

『絹本著色富士曼荼羅図』富士山本宮浅間大社蔵

明するうえで、深い意味をもつにちがいありません。

マンダラに見立てられた自然

日本では、「両部マンダラ」が、図像というジャンルを超えて、別の方向へも展開しました。特定の地域の自然そのものを、「両部マンダラ」に見立てたのです。3章で、空海が拠点とした高野山をマンダラに見立てたことにふれましたが、これがきっかけになったことは確かです。

現代の日本には、「両部マンダラ」のどこにどの仏菩薩や神々が配置されていて、その意味はどうのこうのということに、興味津々な方がけっこういます。ところが、そういう細かい点に、日本密教はあまり関心をいだかなかったようです。それよりも、「両部マンダラ」を、日本各地の自然に、そっくりそのまま見立ててしまう方向に進みました。

そのとき、主な担い手になったのは、密教の民衆版にあたる修験道《しゅげんどう》でした。修験道の行者を「山伏《やまぶし》」というように、修験道は自然を修行の場としたので、自然を「両部マンダラ」に見立てるのは、無理からぬ成り行きでした。

修験道の総本山は奈良県の吉野にある金峯山寺《きんぷせんじ》です。修行の場は、吉野から紀伊半島の南部の熊野に至る尾根道です。そして、その尾根道のちょうど中間点にあたる深仙宿《じんぜんのしゅく》という場所を境に、北の吉野を金剛界マンダラに、南の熊野を胎蔵マンダラに見立てました。そして、「奥駆《おくがけ》」修行といって、この二つのマンダラをつらぬく尾根道を歩き通すことで、悟りが得られるとみなしてきたのです。

同じように、北九州では、宝満山《ほうまんざん》と福智山《ふくちさん》を金剛界マンダラに、英彦山《ひこさん》を胎蔵マンダラに見立てて、歩き通す修行がおこなわれました。山形の月山では、山中に二つある補陀落《ふだらく》、すなわち観音菩薩が降臨するという聖地のうち、東補陀落を金剛界マンダラ、西補陀落を胎蔵マンダラに見立てて、修行の場としてきました。

なかには、長野県の北部にある戸隠山《とがくし》のように、地域の別ではなく、同じ地域の内で、峰や尾根を金剛界マンダラに、谷や洞窟《どうくつ》を胎蔵マンダラに見立ててきたところもあります。

これらの見立てに共通する要素があります。金剛界マンダラに見立てられたところはおおむね男性的なイメージをいだかせるのに対し、胎蔵マンダラに見立てられたところはおおむね女性的なイメージをいだかせるのです。

よく似たことは、山岳地帯にかぎらず、平地でもありました。たとえば、伊勢神宮《いせじんぐう》です。内宮《ないくう》を胎蔵マンダラに、外宮《げくう》を金剛界マンダラに見立てたのです。この見立てはかなり有名だったらしく、「参詣曼荼羅」のたぐいに入る「伊勢両宮曼荼羅《いせりょうくうまんだら》」も制作されています。

マンダラは変容し展開する

ここで、マンダラの歴史をふりかえっておきましょう。

マンダラは、インドで、七世紀のはじめころまでに出現したようです。最初はごく素朴な形態でしたが、マンダラの典拠となる密教経典が充実していくにつれて、マンダラも複雑な形態をもつようになりました。そして、『大日経』にもとづく胎蔵マンダラが生まれ、少し遅れて『金剛頂経』にもとづく金剛界マンダラが生まれました。本格的なマンダラの登場です。

胎蔵マンダラと金剛界マンダラは、八世紀ころ、あいついで中国に伝えられました。それをうけて、恵果が、系統も思想も異なる二つのマンダラをむすびつけようと試みました。恵果の弟子となった空海は、師の路線に沿って、胎蔵マンダラと金剛界マンダラを両立させる道を切り開きました。こうして、「両部マンダラ」が成立しました。いまから一二〇〇年ほど前、平安初期のことです。

その後、日本密教では、二つのマンダラをもっと強くむすびつけ、同一の真理の異なる二つの局面をあらわしているとみなす「両部不二《りようぶふに》」という考え方が創造されました。この「両部不二」をもって、マンダラをめぐる宗教思想上の探究は頂点に達したといえます。時期は平安末期、つまり中世が始まるころのことです。

その前後あたりから、さまざまな目的をかなえる手段として、特定の仏菩薩や神々を本尊とする「別尊曼荼羅」が登場してきます。なかには、景観を描きだし、マンダラの特徴であるはずの対称性を無視するようなタイプがあらわれました。

ちょうどそのころから盛り上がってきたのが、「神仏混淆」です。日本在来の神々とインドから伝えられた仏菩薩や神々を、同一視する発想は、マンダラにも大きな転機をもたらしました。この発想にもとづき、「別尊曼荼羅」のヴァージョン展開として、自然の景観を大幅にとりこんだ「宮曼荼羅」が誕生しました。このタイプのマンダラは、中世を生きた日本人の心に強く訴えるものがあったらしく、「宮曼荼羅」のさらなるヴァージョン展開として、「参詣曼荼羅」や「社寺曼荼羅」を生みだしていったのです。

また、「両部マンダラ」を、密室から解き放って、日本各地の自然や聖地に、そっくりそのまま見立ててしまう傾向も、ほぼ同じころから始まったようです。外来のマンダラを、日本に根付かせるという意味では、究極の選択肢だったと考えて良いと思います。まだ十分には解明されていませんが、「社寺曼荼羅」のように、マンダラが自然の景観を中心にして描かれるようになることと、自然をマンダラに見立てることのあいだでは、密接な関係があったのかもしれません。

一方、八世紀以降のインドでは、『大日経』系統の密教は衰え、『金剛頂経』系統の密教が支配的になりました。密教をふくむインド仏教は、一三世紀の初頭ころに滅亡しましたが、その正統な後継者を自任するチベット密教も、もっぱら『金剛頂経』系統の密教を重視したために、マンダラも金剛界マンダラの制作が中心を占めました。どのマンダラを見ても、マンダラとしての特徴を完璧にそなえています。その精緻《せいち》さは驚くばかりで、マンダラとしての完成度は抜群です。『金剛頂経』は単独でも、二八種類ものマンダラについて述べていますが、この系統の密教は、多くの流派を生んだこともあって、マンダラのヴァリエーションもきわめて豊かで、その数は一〇〇どころではありません。

ただし、マンダラはあくまで密教僧が瞑想にもちいるツールもしくはアイテムであって、そのほかの方向へ展開することはありませんでした。マンダラとしての原理原則は厳しくまもられ、同じ仏教僧でも、密教以前の仏教しか学んでいない顕教の僧侶《そうりょ》たちは、目にすることすら許されませんでした。まして、一般の人々にとって、マンダラはまったく無縁でした。このあたりの事情は、日本とは大きく異なります。

最終の課題に答えるために

最終の課題は、わたしたちがどう生きるべきか、です。その答えを、マンダラから導き出すことはできるでしょうか。

答えをさがす前に、確認しておかなければならないことがあります。わたしたちは、専門的な訓練を受けた密教僧ではないということです。つまり、できることは限られています。本格的なマンダラ瞑想法を実践するのは、無理だと思います。

しかし、だからといって、マンダラを密教僧だけに独占させておくことはありません。わたしたちにもできることは、必ずあるにちがいありません。

この問題に答えを見出《みいだ》す回路は、大きく分けると、二つ考えられます。一つは、マンダラを読み解くという回路です。もう一つは、マンダラにまつわる実践という回路です。

前者はマンダラ、とりわけ日本密教の「両部マンダラ」があらわそうとしている真理を、伝統的な思想をふまえつつも、現代に生きるわたしたちなりの立場から、読み解くことをめざすという回路です。

後者は、マンダラをもちいる瞑想法です。もちろん、いま述べたばかりのように、本格的なマンダラ瞑想法を実践するのは無理でしょうから、そこは工夫が必要になります。その工夫の成果が「マンダラ塗り絵」です。

マンダラを読み解く――「梵我一如」の真意とは

密教は「梵我《ぼんが》一如《いちにょ》」を最高真理とみなします。すなわち、「大日如来（大宇宙）とわたし自身とは、本質が同じ」というのです。大日如来（大宇宙）は無限大の存在であり、わたし自身はきわめて微少な存在です。しかし、その圧倒的な差を超えて、両者は本質が同じだというわけです。

この「梵我一如」を、マンダラはあらわしているはずです。理由はこうです。空海は「密教の教えは深く神秘的なために、文字では伝えがたい。そこで図像をもちいて、理解できない人の眼を開くのです」（『請来目録』）と述べていますが、この文言の「密教の教え」という部分を「梵我一如」に置き換えると、「梵我一如は深く神秘的なために、文字では伝えがたい。そこで図像をもちいて、理解できない人の眼を開くのです」となるからです。

ぜひとも思い出していただきたいことがあります。空海に始まる日本密教が、胎蔵マンダラと金剛界マンダラをむすびつけ、二つのマンダラは、同一の真理の異なる二つの局面をあらわしているとみなす「両部不二」という考え方を創造した事実です。「同一の真理」とは「梵我一如」にほかならないとすれば、「梵我一如」は「両部不二」によって、表現されていることになります。

ここで気をつけなければならないことがあります。そもそも、日本密教の真理観と、現代の日本において一般的に信じられている真理観は、大きく食い違っているようなのです。

現代の日本において一般的に信じられている真理観は、「真理は一つ、真理はシンプル」です。でも、日本密教はそうは考えてきませんでした。「それがたとえ究極の真理だとしても、その真理には複数の面が存在し、したがって真理の表現形は一つではない。そして、真理はけっしてシンプルではない」。これが日本密教の真理観です。

たしかに、「両部マンダラ」を目にすれば、「真理は一つ、真理はシンプル」とは縁遠いことが、誰にもわかります。胎蔵マンダラも金剛界マンダラも、それぞれが真理をあらわしていて、仮に真理が一つだとしても、その表現形は最低でも二つはあるというのです。ひょっとしたら、複数の、もしかしたら無数の表現形があるのかもしれません。

わたしたちはマンダラのなかにいる

胎蔵マンダラも金剛界マンダラも、ひじょうに複雑な形態をもち、簡単に数えきれないくらい多種多様の要素から構成されています。シンプルとは、とてもいえません。この二つのマンダラに描かれている膨大な数の仏菩薩や神々は、それぞれが真理をあらわしています。それぞれの真理は、マンダラの中心に描かれている大日如来から流出してきます。派生してくるといってもかまいません。そして、ここがとても肝心なのですが、大日如来は、マンダラの中心に坐しているだけではありません。マンダラ全体もまた、大日如来そのものなのです。

このようなありかたを、仏教の専門用語では「一即多《いちそくた》・多即一《たそくいち》」と表現してきました。一であること、多であることが、同時に成立しているのです。この考え方は、一神教と多神教の「いいとこ取り」ともいえます。

ようするに、密教が最高真理とみなす「梵我一如」は、「真理は一つ、真理はシンプル」という常識とは一致しません。むしろ、「両部マンダラ」があらわしているように、立場や状況が異なれば、表現形も異なると考える真理観によってのみ、伝えることができるのです。

また、二つのマンダラに描かれている膨大な数の仏菩薩や神々は、わたしたち自身でもあれば、わたしたちを取り囲む環境でもあります。なぜなら、日本密教の考え方によれば、わたしたちを含む森羅万象はことごとく、大日如来の化身《けしん》であり、あらわれでもあるからです。

この点については、空海が著作の『声字実相義《しょうじじっそうぎ》』のなかで述べている文言から、あきらかです。

五大《ごだい》に皆響きあり　十界《じっかい》に言語《ごんご》を具《ぐ》す　六塵《ろくじん》悉《ことごと》く文字《もんじ》なり　法身《ほっしん》は是《こ》れ実相《じっそう》なり

（地水火風空の五大から構成される森羅万象には、みな真理を語る響きがあります。

地獄・餓鬼・畜生・阿修羅・人・天・声門《しょうもん》・縁覚《えんがく》・菩薩・仏の十界すべてに、真理を語る言語がそなわっています。

色形・音声・香・味・触感・現象という、わたしたちの感覚器官が捉《とら》える認識対象は、ことごとく真理を語る文字なのです。

真理そのものである大日如来とは、この世界の、あるがままのすがたにほかなりません）

このように、「梵我一如」は、さまざまなかたちやスタイルで表現される可能性があります。そして、どのようなかたちやスタイルであれ、「大日如来（大宇宙）とわたし自身とは、本質が同じ」と体得できれば、それで良いのです。

とりわけ、わたしたちは、じつはマンダラのなかにいて、マンダラに描かれている仏菩薩や神々が、わたしたち自身にほかならないという認識は、わたしたちに生きる力をあたえてくれるはずです。

このことを理解できれば、わたしたちのように、密教僧ではない者が、「梵我一如」を体得するために、選ぶべき回路がおのずから見えてきます。

マンダラを見る

まず、絶対に必要なことは、マンダラをよく見ることです。最初は「両部マンダラ」を、じっくり見ることをおすすめします。密教寺院の本堂にかかげられている「両部マンダラ」を見るのがベストですが、なかなか機会に恵まれないと思います。その場合は、図録などに掲載されているものでもかまいません。最近は、ネット上でもそそこそこのものが見られます。

ただし、本やネット上のマンダラは、サイズが小さくなってしまうので、その点が残念です。本物のマンダラはかなり大きいものが多く、その大きさが見る者にあたえる影響は、無視できません。大きければ大きいほど、マンダラの中に入れそうな感触が得られるからです。もし、美術展でマンダラが展示される機会があれば、ぜひご覧になってください。

マンダラのどこに、どの仏菩薩や神々が描かれているのか。この点に興味を集中させる方がけっこういますが、それよりもマンダラ全体から受けるイメージとか感触を大切にしてください。細かいことは、そのあとで十分です。

運良く、胎蔵マンダラと金剛界マンダラが並べられている場合は、両者を見比べてください。あまりに違いが大きいので、困惑するかもしれませんが、その困惑こそ、「両部マンダラ」を深く理解するために不可欠の段階になります。こんなに違うものが、なぜ、同一の真理をあらわしているのか。そんな疑問をいだけたら、それが次のステップにすすむ原動力になります。

とにかく、何度でも、何度でも、マンダラを見てください。そのたびに湧く疑問を大事にして、自分なりの答えを探していくこと。それが大切です。

もし、絵心をお持ちなら、「両部マンダラ」を真似して、自分の手で描いてみるのも、すてきな方法です。時間をたっぷりかけて、丁寧に描いていくと、マンダラの理解が飛躍的に進みます。

「両部マンダラ」を見る機会に恵まれない場合は、単独のマンダラでも全然かまいません。ただ、お寺で本物を目にできる機会は、「両部マンダラ」よりもさらに少ないので、美術展か図録に頼らざるを得ないのが実情です。

チベット密教のマンダラは、その完成度や緻密さの点で、日本のマンダラを遥《はる》かにしのぎますが、壁画として描かれている場合がほとんどなので、本物に接する機会は現地に足を運ばないと得られません。もし、どうしても見たいというのであれば、大判の画像集をご覧ください。ネパールあたりで制作され販売されているものは、規定どおりに描かれていないこともあるので、あまりお薦めしません。

新しいマンダラ

マンダラは決して過去の遺物ではなく、現在も新しく制作されています。その目的は以下の三つが考えられます。

①密教の儀軌どおり、忠実に制作する。

②現代美術として、あるいは現代の知的探求の成果を的確に表現する図像として、密教の儀軌にとらわれず、新たな創造性にもとづき制作する。

③精神医学的な見地から、塗り絵として制作する。

①については、特に説明するまでもありません。その多くは、密教系の寺院から依頼されて、伝統的な技法を受け継ぐ絵師たちによって、描かれています。

また、③については、以下にかなり詳しく説明します。

とても、興味深いのは②です。なかでも、わたしが最も関心をいだいている事例は、生命誌研究者の中村桂子氏の発案による「生命誌マンダラ」です。

「生命誌マンダラ」は、こう説明されています。

ゲノムは、多様、普遍、全体、歴史、関係、階層、自己創出など生きもののもつさまざまな特徴をもっています。展示「生命誌絵巻」、「新・生命誌絵巻」では、生きものの多様性、全体性を意識しながらそれを支える歴史と関係に注目しました。次には階層性、自己創出性を描きたいと考え、開館20周年に生命誌マンダラをつくりました。

密教の思想を表現したマンダラは、中央に全体性を象徴する大日如来が、その周

「生命誌マンダラ」JT生命誌研究館蔵（画／中川学、尾崎閑也）

りにさまざまな仏が描かれています。大日如来がそれぞれの仏に変化して現れ、それが宇宙だと言われます。これを生きものに当てはめ考えました。個体という全体をつくる能力を秘めた細胞である受精卵が大日如来であり、それがさまざまな姿で現れ、生きものの宇宙をつくっていくと。本質を示すというマンダラの基本に学び、生命体の本質を見ていきましょう。

詳しい解説はJT生命誌研究館のホームページ（https://www.brh.co.jp/exhibition_hall/hall/biohistory-mandala/）を、ご覧ください。

また、この「生命誌マンダラ」は、自由にダウンロード（https://www.brh.co.jp/publication/cards/papercraft/004/pdf/img03_text.pdf）できますから、ご自分で組み立てていただくと、マンダラが秘める豊かな可能性を実感できると思います。

マンダラ塗り絵

本格的なマンダラ瞑想法を実践するのは、無理に近いと思います。しかし、本格的なマンダラ瞑想法は無理でも、少しくふうすれば、マンダラをもちいる瞑想法の実践は不可能ではありません。
現時点で、そのもっとも有効な回路が、「マンダラ塗り絵」です。

ユングとマンダラ

マンダラ塗り絵を創造したのは、スイスの精神医学者、カール・グスタフ・ユング（一八七五～一九六一）です。ユングとマンダラのかかわりは、二つの領域から生まれました。

一つは、統合失調症の患者との接触です。患者が失見当識の状態にあるとき、つまり「わたしは誰？ なぜここにいるの？ ここはどこ？ いまはいったい何時《いつ》なのか？」というふうに、自分自身が、いま、どういう状況におかれているのか判断できない状態にあるとき、マンダラによく似た絵を描く傾向に、ユングは気付いたのです。しかも、病状が悪化する時期よりも、回復しようとする時期に、その頻度が高くなる事実に、ユングは気付きました。

とりわけ、もっとも鮮烈なマンダラのイメージが浮上してくるのは、主体性を喪失し、極端な没個性の状態に陥っていた患者に、「個性化」といって、ひとりひとりの個性がよみがえってくる過程で見る夢のなかでした。どうやら、マンダラは生きる力をあたえてくれるようなのです。ならば、マンダラを治療に利用できるのではないか、ユングはそう考えました。

もう一つは、マンダラの学術研究に不朽の功績をあげたイタリア生まれの東洋学者、ジュゼッペ・トゥッチ（一八九四～一九八四）との交友でした。トゥッチはチベットの調査などを通じて得た知見を、惜しみなくユングに提供しました。

ユングとトゥッチのあいだに生じた影響関係は、文字どおり持ちつ持たれつ、でした。そもそもトゥッチがマンダラに興味をいだいたきっかけは、ユングとの出会いにあったからです。もし仮に、この二人が出会わなければ、マンダラを現代社会に生かす機会は、まったくなかったかもしれません。

もっとも、ユングのマンダラ理解には、誤解もあります。マンダラを生み出した密教もまた仏教であるかぎり、自我は否定の対象にほかなりません。マンダラをもちいる修行も、じつは絶えざる自己否定の過程です。否定の過程をへていない自我は、訣《けつ》別《べつ》すべき対象でしかないのです。

ところが、ユングのマンダラ理解では自我は肯定されます。マンダラは、自我を確立して、人並みの欲望をもった大人をはぐくむための、きわめて有効な手段として、位置づけられています。

このように、ユングのマンダラ理解には問題があります。でも、この点を強調しすぎるのもどうかと思います。現代社会におけるマンダラの有効な活用を考えるうえで、ユングの果たした役割はやはりひじょうに大きいからです。

マンダラ塗り絵の誕生

以上のいきさつをへて、欧米に在住するユング派の精神科医や心理学者が、マンダラをまねた塗り絵を考案し、治療に使い始めました。その後、日本でも一部の精神科医が、治療にマンダラ塗り絵を導入しました。わたし自身も二五年ほど前、チベット旅行に同行した知人の精神科医から、帰国後に「こんなものがありますが、興味がありますか?」と手渡されたのです。

そのマンダラ塗り絵はアメリカ製で、いたって単純な図柄でした。ちょうどそのころ、わたしはチベット密教の図像研究に手を染めたところで、チベット・ヒマラヤ界《かい》隈《わい》をほとんど毎年、調査に訪れ、各地ですぐれたマンダラを数多く目にし、撮影していました。その経験からすると、いただいたマンダラ塗り絵は単純すぎて、つまらないと感じました。そこで、自分の経験を生かして、もっと良いものを描けるのではないかと考え、実際に描いてみたのです。

ただし、伝統的なマンダラのコピーは避けました。それではあまりに抹香臭くて、現代人には受けいれられないと判断したためです。そこで、マンダラにとってもっとも重要な、①強い対称性②基本的に円形③閉鎖系④幾何学的な形態という基本的な要素をたもったまま、宗教をイメージさせがちな要素、具体的にいえば仏菩薩や神々のすがたをできるだけ消去し、動植物や風景、もしくは抽象的なパターンの繰り返しなど、誰の目にも、おもわず塗りたくなるようなデザインに変換したのです。

そして、ものは試しとばかりに、創作したマンダラ塗り絵を、そのころ教鞭《きょうべん》をとっていた大学の学生に塗らせてみました。結果は、大成功でした。まさに目の色を変えてマンダラを塗り、以来、学習意欲が俄然《がぜん》、高まったのです。集中力と持続力が向上したことは疑いようがありませんでした。

いずれにしても、わたしの試みは、もともと精神を病む人々を対象としていたマンダラ塗り絵を、健常な人々に塗らせたという点で、少なくとも日本では画期的だったようです。ドイツなどでは、主に幼児教育の一環として、簡単なマンダラ塗り絵を塗らせることが試みられてきましたが、そういうことは日本ではなかったからです。

自身の学術的な研究が、学術の分野を超えて、現実の社会に役立つという事態は、残念ながら、稀《まれ》にしか起こりえません。その意味で、わたしのマンダラ研究は、じつに幸運だったといっていいようです。

塗り方

やりかたは、決してむずかしくありません。線画のマンダラに、好きなように色を塗るだけです。年齢もまったく関係ありません。子どもであろうと高齢者であろうと、誰でもできます。

色は、いちおう五色ほど用意してもらいます。五色という設定は、密教のマンダラが基本的に五色をもちいるからで、もっと多くてもかまわないのですが、そろえるのがたいへんですから、これくらいでいいとおもいます。

このとき、五色にどんな色を選ぶかは、受講生の判断にまかせます。この色の選び方から、すでに意味があります。一般的にいって、わたしが特に指示しなくても、心身が健常な状態にある人は、伝統的なマンダラが用いてきたような色彩、つまり赤・青・黄・緑に白と黒をくわえた色彩群を選びます。はっきりくっきりした色が主体です。明るい感じのパステルカラーを選ぶ人もいます。

しかし、心身が健常な状態にない人は、五色を選んでくださいといっても、なかなかそれができません。二色か三色しか選べない場合がけっこうあります。さすがに一色という人は稀ですが、全然いないわけではありません。

色の塗り方は、原則として、線で区画されたマス目の中を、一つ一つ丁寧に塗ってもらいます。仮に、隣接するマス目に同じ色を塗る場合でも、一気に塗るのは禁止です。

塗る順番は、中心からでも、周辺からでも、まったく自由です。いっさい指定はしません。見ていると、マンダラ全体の中から、あらかじめ赤なら赤を塗りたいマス目を選び出し、まとめて塗る人もあれば、一つのマス目を塗り終わると几帳面《きちょうめん》にとなりのマス目を塗っていく人もいて、性格が出ているなと感心することもあります。しかし、どちらであろうと、問題はありません。

四～五メートル離して見る

塗り絵が完成したら、今度は、それを壁に貼ります。そして、制作者に五メートル以上離れて、マンダラ塗り絵を見させるのです。すると、多くの場合、制作者は驚きの声をあげます。

なぜでしょうか。理由は二つあるようです。

まず、一つ目はこうです。色を塗るときは、誰しも多少の美的センスをもちあわせているでしょうから、バランスというものを考慮しながら、色を塗っていきます。いいかえれば、完成状態になったときを想像しながら、色を塗っていくのがふつうです。つまり、その人なりに、完成時のイメージがあらかじめあるのです。

ところで、わたしたちが色を塗るときは、だいたい二五センチから三〇センチくらい離して塗ります。したがって、完成時のイメージは、二五センチから三〇センチくらい離れた状態で形成されています。

しかし、五メートル以上離れて見ると、細かいマス目の一つ一つは消え、同系色は融け合い、その結果、塗っていたときには想像もしなかったパターンが浮かび上がってくるのです。それで、たいがいの場合、驚きの声をあげるのです。

この驚きはとても大切だとわたしはおもいます。自分が制作したものが、自分の意図を超える体験は、なかなか味わえないからです。しかも、ほとんど例外なく、その意図しなかった結果のマンダラ・パターンは美しいのです。みな、感動し、満足した顔で、しばし自分のマンダラに見入っています。余談めきますが、日頃は落ち着かず、騒がしい子どもたちでも、色を塗っているときはじつに熱心で、まことに静かです。

二つ目の理由は、まったく同じマンダラ線画を塗ったにもかかわらず、たいがいの場合、ほかの人が塗ったものが自分のそれとは明らかに異なるからです。この点から多くの受講者は、自他の感性のちがいをひじょうにはっきりとしたかたちで認識するのです。

あらためて指摘するまでもなく、「自分とほかの人とでは、感じ方が違うんだ！」という認識をもつことは、社会生活をいとなむうえでとても大切な要素ですが、このマンダラ塗り絵みたいに、短時間でそれを得られる行為はすこぶる稀とおもいます。

ここで強調しておきたいことは、このマンダラ塗り絵は、一回こっきりでももちろん意味はありますが、できるだけ長くつづけていくことに意味があるという点です。その理由は、あとでお話しします。

心身の状態を如実にあらわします

このマンダラ塗り絵は、心身の病巣をも外に展開させるはたらきをもっています。もともと精神科医の方々が患者の治療の一環としてはじめたのですから、当然といえば当然の話です。

つぎに、わたしがこれまで体験してきた事例を参考に、考えてみましょう。ただし、以下にあげた事例は典型をいくつか抽出したにすぎず、例外はいくらでもあります。ですから、こういう塗り絵の受講者はこういう心身の状態にあるなどと、一方的に決めつけるわけにはゆかないことを、あらかじめおことわりしておかなければなりません。

色

最初は色の問題です。

さきほど、色をなかなか選べない人がいると述べました。そうした受講者は、多くの場合、心身に悩みをかかえています。選んだ色が、灰色系統の無彩色だったり、茶系統の色ばかりだったりする場合も、同じです。

また、塗りおえたマンダラがやけに黒っぽかったり、灰色っぽかったり、濁った茶系統の色で占領されていたり、いいかえれば多様な色彩感が感じられないのも、問題含みです。

マス目の中を一つ一つ丁寧に塗っていくのが原則と述べましたが、なかには乱暴というか面倒くさがりというか、とにかくマス目の区画を無視して、一気に同じ色を塗ってしまう受講者もいます。それはそれで、個人個人の性格だから、よしとしましょう。

気をつけなければならないのは、マス目の中を一つ一つ丁寧に塗っていったにもかかわらず、完成したマンダラが一色、ないしほぼ同じ色味で占領されてしまっているケースです。わたしの体験からすると、こうした受講者は心身に深刻な悩みを抱えている場合がひじょうに多いようです。

逆に、そうした心身の悩みが改善していくと、ふしぎなことにマンダラに多様な色彩感が出てきます。はじめはマス目の一つだけに明るい色が塗られるようになり、やがてその明るい色の面積が増えていきます。そうなったときに、話をしてみると、やはり悩みが少しずつではありますが、軽くなっていく傾向があります。

この場合、悩みが軽減傾向にあるからマンダラの色調が明るくなるのか、マンダラの塗り絵が多少なりともその人の心身状態をよい方向へとみちびく手助けをしているのか、よくわかりませんが、マンダラ塗り絵がマイナスの効果をもたらしていないことは、認めていいとおもいます。

形

つぎは、形の問題です。

数々の伝統的なマンダラをご覧になってお気づきのとおり、マンダラは基本的に対称性がすこぶる強い図形です。しかし、人によっては、塗り絵がいちじるしく対称性を欠く場合があります。本人も塗っているときは気がつかないようですが、離れて見たときに、全然バランスがとれていないとか、尖《とが》った先端を持つ図形や突き刺すようなギザギザ模様が一方向にかたよって浮かび上がったりするケースもあります。

そういうマンダラ塗り絵を制作してしまう受講者は、やはり心身のバランスを欠いていることがあるようです。あるいは、人格的なかたささやかたよりが見られることもあります。そうしたタイプの受講者と接する際は、ふつうならなんでもない言動でも、大きな意味をもってしまうことがままあるので、十分な注意が欠かせません。

この場合も、心身のバランスが良くなってきたり、人格が柔和になってきたりすると、対称性が出てきて、見る者をイライラさせるような形状が少なくなってくるようです。おそらく、マンダラ塗り絵を実践することによって、自己認識がふかまっていき、その結果、いわゆる「本当の自分」に出会い、いろいろな葛藤《かっとう》をへて、状況が改善されていくのではないかとおもわれます。

とにかく塗ってみましょう

いずれにせよ、ここでわたしが提唱しているマンダラ塗り絵は、さきほども指摘したとおり、ある程度の期間にわたってつづけていく必要があります。また、あらためていうまでもありませんが、このマンダラ塗り絵は、一人でも実践できます。ご自分を良く知るためにも、かたくいえば自己認識を深めるためにも、実践をお勧めしたいとおもいます。

三ヶ月とか半年とかつづけていくと、ときとして変化が見られる場合があります。そうしたときは、本人もそれとは気付かないうちに、生活環境や身体の調子になんらかの変化が生じている可能性があります。注意してみたほうがいいでしょう。

さらに長く、一年間くらいつづけていくと、季節によってマンダラ塗り絵が変化する人もいます。こうしたときは、心身の状態が季節要因によって変化しやすい可能性がありますから、その点に留意が欠かせないかもしれません。

＊参考

①色の意味　黒＝抑制・不自由・死　白＝未決定・自由・空虚　黄＝活力・光
灰＝茫漠・無意味・無生命・不安　赤＝情熱・攻撃・欲望・過剰
青＝抑制・冷静・純粋　緑＝生命・健康　紫＝病的・葛藤
＊色むら＝不安定　弱い筆圧＝心身の衰弱　色数の多少＝積極性・消極性

②形の意味　対称形＝秩序　非対称形＝無秩序　尖った図形＝攻撃性
回転形＝求心力・エネルギー　歪《ゆが》んだ図形＝心身の歪み
集中と拡散＝理想的なマンダラ＝良好な心身の状態

③距離の意味↓四〜五メートルくらい離れて見る↓その人の意図と異なる図形
↓無意識的世界が現れてくる？

参考文献

定方晟『インド宇宙誌』(春秋社)
高橋尚夫・野口圭也・大塚伸夫編『空海とインド中期密教』(春秋社)
立川武蔵『マンダラ観想と密教思想』(春秋社)
立川武蔵『マンダラという世界』(講談社選書メチエ)
立川武蔵編『マンダラ　心と身体』(千里文化財団)
立川武蔵編『マンダラ宇宙論』(法藏館)
立川武蔵・正木晃編『チベット仏教図像研究　ペンコルチューデ仏塔』(国立民族学博物館)
田中公明『曼荼羅イコノロジー』(平河出版社)
田中公明『超密教　時輪タントラ』(東方出版)
田中公明『両界曼荼羅の誕生』(春秋社)
田中公明『両界曼荼羅の仏たち』(春秋社)
田中公明『インド・チベット曼荼羅の研究』(法藏館)
田中公明『曼荼羅グラフィクス』(山川出版社)
田中公明『図説　チベット密教』(春秋社)
田中公明『インドにおける曼荼羅の成立と発展』(春秋社)

津田真一『梵文和訳　金剛頂経』（春秋社）
正木晃『マンダラとは何か』（NHKブックス）
正木晃『密教』（ちくま学芸文庫）
正木晃『空海と密教美術』（角川選書）
正木晃『楽しくわかるマンダラ世界』（春秋社）
正木晃『現代日本語訳　空海の秘蔵宝鑰』（春秋社）
正木晃『「空」論』（春秋社）
正木晃・立川武蔵『チベット密教の神秘』（学習研究社）
正木晃・ツルティィム・ケサン『チベット密教』（ちくま学芸文庫）
正木晃・ツルティィム・ケサン『チベットの「死の修行」』（角川選書）
正木晃・ツルティィム・ケサン『チベット密教　図説マンダラ瞑想法』（ビイング・ネット・プレス）
松長有慶『密教』（岩波新書）
松長有慶『大日経住心品講讃』（大法輪閣）
森雅秀『インド密教の仏たち』（春秋社）
森雅秀『マンダラ事典』（春秋社）
森雅秀『マンダラの密教儀礼』（春秋社）
森雅秀『チベットの仏教美術とマンダラ』（名古屋大学出版会）

森雅秀編『アジア仏教美術論集　中央アジアⅡ（チベット）』（中央公論美術出版）
頼富本宏『曼荼羅の鑑賞基礎知識』（至文堂）
頼富本宏『『金剛頂経』入門』（大法輪閣）
頼富本宏・下泉全暁『密教仏像図典』（人文書院）
ジュゼッペ・トゥッチ、金岡秀友・秋山余思訳『マンダラの理論と実際』（金花舎）
C・G・ユング、林道義訳『個性化とマンダラ』（みすず書房）
スザンヌ・フィンチャー、正木晃訳『マンダラ塗り絵』（春秋社）
マドンナ・ゴーディング、正木晃訳『世界のマンダラ塗り絵１００』（春秋社）

付録　マンダラ塗り絵

本書は、二〇一八年四月にNHK出版から刊行された『NHKこころの時代　宗教・人生　マンダラと生きる』を改題し、文庫化したものです。文庫化にあたり大幅に加筆・修正をいたしました。